DEUTSCHES INSTITUT FÜR WIRTSCHAFTSFORSCHUNG

BEITRÄGE ZUR STRUKTURFORSCHUNG   HEFT 66 · 1981

Handel mit Entwicklungsländern und Beschäftigung in der Europäischen Gemeinschaft

Eine vergleichende Analyse für sechs EG-Länder
anhand aktueller Import- und Exportströme
im Handel mit Industrieprodukten

von Dieter Schumacher

EDV: Karin Hollmann

DUNCKER & HUMBLOT · BERLIN

Geringfügig veränderte Fassung eines Gutachtens,
das im Auftrage des Bundesministers für Wirtschaft erstellt
und im Dezember 1980 abgeschlossen wurde.

Herausgeber: Deutsches Institut für Wirtschaftsforschung, Königin-Luise-Straße 5, 1000 Berlin 33.
Tel. (0 30) 8 29 11.
Schriftleitung: Prof. Dr. Rolf Krengel.
Verlag: Duncker & Humblot, Dietrich-Schäfer-Weg 9, 1000 Berlin 41.
Alle Rechte vorbehalten.
Druck: ZIPPEL-DRUCK in Bürotechnik GmbH, Muskauer Straße 43, 1000 Berlin 36.
Printed in Germany.
ISBN 3 428 04989 6.

Inhalt

Seite

1. Aufgabenstellung und Aufbau der Arbeit 5

2. Methodische Vorbemerkungen, Definitionen und Datenbasis 6

   2.1 Zur Methode 6

   2.2 Erläuterungen und Aufbereitung des statistischen Materials 11

3. Arbeitsteilung mit Entwicklungsländern im Rahmen des Außenhandels der EG-Länder 15

4. Gesamtwirtschaftliche Beschäftigungs- und Einkommenswirkungen des Handels mit Entwicklungsländern 19

5. Veränderungen der sektoralen Beschäftigungsstruktur durch Arbeitsteilung mit Entwicklungsländern 24

6. Beschäftigungswirkungen der Ausweitung des Handels mit Entwicklungsländern 1970–1977 . 28

7. Zusammenfassende Beurteilung 33

Tabellarischer Anhang 37

Literaturverzeichnis 83

Übersichten

	Seite
Übersicht 1: Schematische Darstellung der Beschäftigungs- und Einkommenseffekte einer Substitution von Produktion in Industrieländern durch Importe aus Entwicklungsländern	7
Übersicht 2: Abgrenzung der Sektoren	12
Übersicht 3: Abgrenzung der Ländergruppen	14

Tabellen im Text

	Seite
Tabelle 1: Importe der EG-Länder 1970 und 1977	16
Tabelle 2: Exporte der EG-Länder 1970 und 1977	17
Tabelle 3: Gesamtwirtschaftliche Beschäftigungswirkungen des Industriegüterhandels in den EG-Ländern 1977	19
Tabelle 4: Beschäftigungs- und Einkommenseffekte einer Erhöhung der Industriegüterexporte um 100 Mill. US-$	20
Tabelle 5: Gegenüberstellung der Beschäftigungs- und Einkommenseffekte von Industriegüterexporten und -importen gleicher Höhe	22
Tabelle 6: Saldierte Beschäftigungseffekte nach Wirtschaftszweigen bei einer Ausweitung der Exporte und Importe um jeweils 100 Mill. US-$ im Industriegüterhandel mit Entwicklungsländern	25
Tabelle 7: Ausmaß der sektoralen Strukturverschiebung bei gleichgroßer Ausweitung der Exporte und Importe im Industriegüterhandel mit verschiedenen Ländergruppen	26
Tabelle 8: Komponenten der Beschäftigungsveränderung 1970-1977	29
Tabelle 9: Beschäftigungseffekte der Ausweitung des Industriegüterhandels mit verschiedenen Ländergruppen 1970-1977	31

Tabellen im Anhang

	Seite
Tabelle A.1: Gesamtwirtschaftliche Kennziffern der EG-Länder 1977	38
Tabelle A.2: Industriegüterhandel der EG-Länder nach Ländergruppen 1977	39
Tabellen A.3 bis A.8: Gesamtwirtschaftliche Beschäftigungs- und Einkommenseffekte des Industriegüterhandels mit verschiedenen Ländergruppen 1977	40
Tabellen A.9 bis A.14: Struktur des Beschäftigungseffektes der Industriegüterexporte in verschiedene Ländergruppen nach Wirtschaftszweigen, Geschlecht und Leistungsgruppen 1977	46
Tabellen A.15 bis A.20: Struktur des Beschäftigungseffektes der Industriegüterimporte aus verschiedenen Ländergruppen nach Wirtschaftszweigen, Geschlecht und Leistungsgruppen 1977	58
Tabellen A.21 bis A.26: Saldierte Beschäftigungseffekte einer gleichgroßen Ausweitung des Industriegüterhandels mit verschiedenen Ländergruppen nach Wirtschaftszweigen, Geschlecht und Leistungsgruppen 1977	70

1. Aufgabenstellung und Aufbau der Arbeit

Eine liberale Haltung gegenüber Importen von Fertigwaren aus Entwicklungsländern stößt angesichts gestiegener Wettbewerbsfähigkeit dieser Länder bei einzelnen Produktgruppen und anhaltend hoher Arbeitslosigkeit in den Industrieländern verstärkt auf Widerstand. Aus Furcht vor weiterem Beschäftigungsabbau in den unter Importdruck stehenden Wirtschaftszweigen wurden auch auf EG-Ebene insbesondere in der zweiten Hälfte der siebziger Jahre zusätzliche handelshemmende Maßnahmen ergriffen, statt den für eine andere weltwirtschaftliche Arbeitsteilung notwendigen Strukturwandel zuzulassen. In dieser Situation ist es notwendig, die Zusammenhänge zwischen Beschäftigung und Warenaustausch mit der Dritten Welt näher zu untersuchen. Dies ist Ziel der vorliegenden Arbeit: Die Ergebnisse sollen quantitative Informationen darüber bereitstellen, ob und inwieweit ein Konflikt zwischen dem internen Beschäftigungsziel in den einzelnen EG-Ländern und einer liberalen Haltung im Handel mit Entwicklungsländern besteht. Das kann zur Versachlichung der entwicklungs- und handelspolitischen Diskussion auf EG-Ebene beitragen.

Außer für die Bundesrepublik Deutschland liegen auch für die meisten anderen EG-Länder empirische Analysen der Beschäftigungsrelevanz des Handels mit Entwicklungsländern vor. Die Auswertung der vorhandenen Arbeiten zeigt jedoch,[1] daß sie entweder auf veraltetem statistischen Material beruhen und allein die Importseite berücksichtigen (ältere Arbeiten von UNCTAD, ILO, OECD) oder in Methode, Zeitraum und sektoraler Gliederung stark voneinander abweichen (neuere Analysen für die Bundesrepublik Deutschland, Frankreich, Italien, Großbritannien, die Niederlande, Belgien und Irland). Gegenstand der vorliegenden Arbeit ist eine vergleichende Analyse nach einheitlicher Methode und gleicher Sektorgliederung für diejenigen sechs EG-Länder, die datenmäßig ausreichend belegt sind. Dazu werden Input-Output-Rechnungen durchgeführt, die nicht nur die unmittelbar im betroffenen Wirtschaftszweig auftretenden – direkten – Beschäftigungseffekte, sondern auch die über die Vorleistungsverflechtung induzierten – indirekten – Wirkungen berücksichtigen. Um die Wirkungen des Handels mit der Dritten Welt auf Niveau und Struktur der Beschäftigung beurteilen zu können, werden sie mit den Arbeitsmarktimplikationen des Handels mit anderen Ländergruppen verglichen.

Zunächst werden die hier verwendete Methode zur Kalkulation handelsinduzierter Beschäftigungseffekte dargestellt und die Datenbasis erläutert. Es folgt ein kurzer Überblick über die außenwirtschaftliche Verflechtung der behandelten sechs EG-Länder. Anschließend wird anhand der Modellrechnungen die Wirkung einer verstärkten internationalen Arbeitsteilung auf Beschäftigung und Einkommen in der Gesamtwirtschaft analysiert. Dazu werden die Veränderungen des Einsatzes inländischer Produktionsfaktoren (Erwerbstätige insgesamt und nach Kategorien, Anlagevermögen) und des Bruttoinlandsprodukts infolge von Importen und Exporten gleicher Höhe im Halb- und Fertigwarenhandel mit verschiedenen Ländergruppen einander gegenübergestellt. Analog werden die resultierenden Verschiebungen in der sektoralen Beschäftigung untersucht. Darüber hinaus werden die Veränderungen der sektoralen Beschäftigung dargestellt, die sich der tatsächlichen Ausweitung des Halb- und Fertigwarenhandels zwischen 1970 und 1977 zurechnen lassen. Sie vermitteln eine Vorstellung davon, in welchem (unterschiedlichen) Ausmaß in den einzelnen EG-Ländern Strukturwandel im vergangenen Jahrzehnt auf internationale Arbeitsteilung zurückzuführen ist. Eine zusammenfassende Beurteilung der Beschäftigungswirkungen des Handels mit Entwicklungsländern beschließt die Arbeit. Der Tabellenanhang enthält die vollständigen Ergebnisse für den Industriewarenhandel der einzelnen EG-Länder mit allen Ländergruppen.

---

[1] Für eine Auswertung verschiedener empirischer Arbeiten vgl. UNIDO: The Impact of Trade with Developing Countries on Employment in Developed Countries – Empirical Evidence from Recent Research, UNIDO Working Papers on Structural Changes, No. 3, UNIDO/ICIS. 85, Oktober 1978, und OECD: The Impact of the Newly Industrialising Countries on Production and Trade in Manufactures, Report by the Secretary-General, Paris 1979, Annex II. Eine Zusammenstellung verfügbarer Untersuchungen findet sich im Literaturverzeichnis am Ende dieser Arbeit.

2. Methodische Vorbemerkungen, Definitionen und Datenbasis

2.1 Zur Methode

Veränderungen der gesamtwirtschaftlichen und sektoralen Beschäftigung ergeben sich aus einer Vielzahl von Faktoren, die zudem nicht unabhängig voneinander sind. Da die Wirkungen der verschiedenen binnen- und weltwirtschaftlichen Determinanten nicht isoliert beobachtet werden können, müssen sie ihnen mit Hilfe von Modellrechnungen auf der Basis mehr oder weniger einfacher Annahmen zugerechnet werden. Es ist hier nicht möglich, auf Methodenprobleme im einzelnen einzugehen.[2] Es werden lediglich die wichtigsten Zusammenhänge kurz skizziert, damit der in dieser Arbeit behandelte Ausschnitt deutlich wird.

Ausgehend von einer Erhöhung der Importe sind die wichtigsten Wirkungen einer verstärkten internationalen Arbeitsteilung und der Zusammenhänge zwischen ihnen im Diagramm auf Seite 7 schematisch dargestellt. Aus Vereinfachungsgründen wird unterstellt, daß die Welt in zwei Volkswirtschaften, A (Industrieländer) und B (Entwicklungsländer), unterteilt ist:

(1) Wird in A die heimische Produktion eines Gutes durch Import desselben Gutes aus B ersetzt, dann sinken in A der Output dieses Produkts sowie Beschäftigung und Einkommen im betroffenen Wirtschaftszweig, während in B Output, Beschäftigung und Einkommen in derselben Industrie steigen.

(2) Darüber hinaus gehen aufgrund der intersektoralen Verflechtung auch in den anderen Wirtschaftszweigen in A Produktion, Beschäftigung und Einkommen zurück, in B werden sie durch die notwendige Bereitstellung von Vorleistungen angeregt. Dabei ist auch zu berücksichtigen, daß die Nachfrage in A nach importierten Vorleistungen aus B sinkt und B mehr Vorleistungen aus A importiert.

(3) Die Devisenerlöse, die B durch den ursprünglichen Exportzuwachs nach Abzug induzierter Vorleistungsimporte und entgangener Exporte netto erzielt, erlauben einen Zuwachs der inländischen Endnachfrage entsprechend der marginalen Importneigung. Daraus ergeben sich weitere Beschäftigungsimpulse in B.

(4) Die Ausgabe der Netto-Devisenerlöse von B für Importe erhöht in A die Produktion in den Exportindustrien und den Zulieferindustrien mit entsprechenden positiven Effekten auf Beschäftigung und Einkommen.

(5) Die Veränderung des Einkommens in A führt zu Multiplikatoreffekten durch Veränderung der Konsumausgaben, die ihrerseits wiederum Produktion, Beschäftigung und Handelsströme beeinflussen.

Weitere Wirkungen, die im Diagramm nicht dargestellt sind, ergeben sich aus induzierten Veränderungen von Preisen, Investitionen und Wachstum in den Industrieländern wie in den Entwicklungsländern. Zudem ist zu berücksichtigen, daß A und B eine Reihe einzelner Länder umfassen, deren Wettbewerbsposition unterschiedlich ist und die Verteilung der oben beschriebenen Effekte auf die einzelnen Länder beeinflußt.

Im Idealfall wären alle Wirkungen und Rückwirkungen infolge nationaler und internationaler Verflechtungen zu berücksichtigen, um Niveau und sektorale Struktur des Beschäftigungseffekts verstärkter Arbeitsteilung zwischen Industrieländern und Entwicklungsländern zu ermitteln. Um den Bedarf an Daten und Rechenkapazitäten in einem vertretbaren Rahmen zu halten, müssen sich empirische Studien aller-

---

[2] Methodische Fragen werden sehr eingehend behandelt bei W. S. Salant/B. N. Vaccara: Import Liberalization and Employment. The Effects of Unilateral Reduction in United States Import Barriers, Washington D. C. (The Brookings Institution) 1961. Vgl. auch H. F. Lydall: Trade and Employment. A Study of the Effects of Trade Expansion on Employment in Developing and Developed Countries, International Labour Office, Genf 1975, S. 17–35.

Übersicht 1 Schematische Darstellung der Beschäftigungs- und Einkommenseffekte einer Substitution von Produktion in Industrieländern durch Importe aus Entwicklungsländern

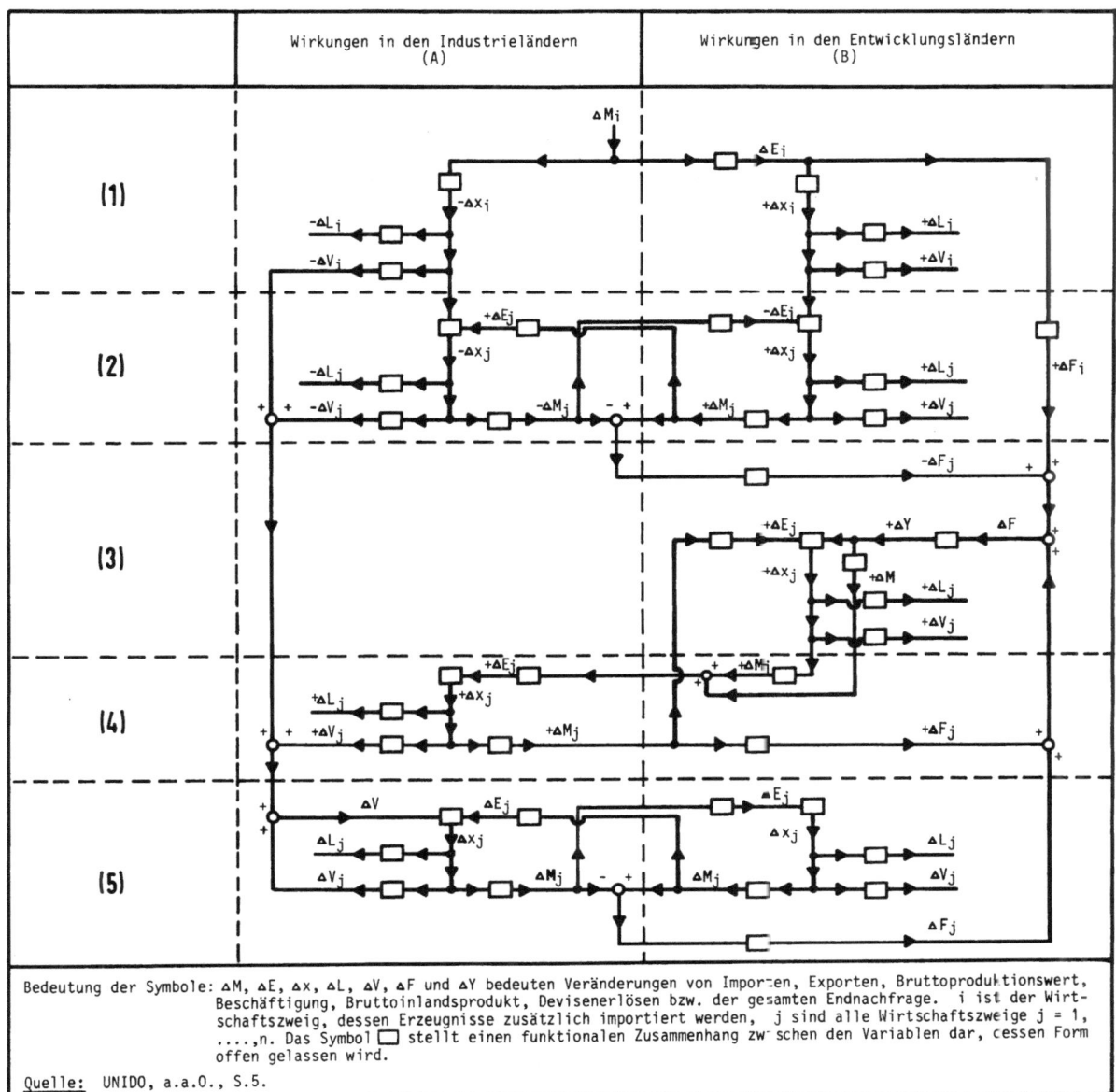

Bedeutung der Symbole: ΔM, ΔE, Δx, ΔL, ΔV, ΔF und ΔY bedeuten Veränderungen von Importen, Exporten, Bruttoproduktionswert, Beschäftigung, Bruttoinlandsprodukt, Devisenerlösen bzw. der gesamten Endnachfrage. i ist der Wirtschaftszweig, dessen Erzeugnisse zusätzlich importiert werden, j sind alle Wirtschaftszweige $j = 1, \ldots, n$. Das Symbol ☐ stellt einen funktionalen Zusammenhang zwischen den Variablen dar, dessen Form offen gelassen wird.

Quelle: UNIDO, a.a.O., S.5.

dings auf Partialanalysen stützen: Sie konzentrieren sich – entsprechend ihrem jeweiligen Erkenntnisziel – auf einige der oben erwähnten Zusammenhänge, die zudem nur durch vereinfachende Annahmen über die Art der funktionalen Beziehungen abgebildet werden können. So behandelt die vorliegende Arbeit in Partialanalysen für die einzelnen EG-Länder die (negativen) direkten und vorleistungsinduzierten Wirkungen von Importen einerseits – Teile A (1) und A (2) im Diagramm – und die entsprechenden (positiven) Wirkungen von Exporten andererseits – Teil A (4) des Diagramms. Dabei werden die Handelsströme im Jahre 1977 bzw. deren Veränderung gegenüber 1970 zugrunde gelegt, ohne ihre Höhe zu erklären und ohne einen Zusammenhang zwischen Importen und Exporten herzustellen.

Was die funktionalen Beziehungen betrifft, so wird auf das Instrument der Input-Output-Analyse[3] zurückgegriffen. Sie geht davon aus, daß sich die Struktur einer Volkswirtschaft als ein System von linearen Gleichungen darstellen läßt. Für jeden aufgeführten Wirtschaftszweig i gilt die folgende Bilanzgleichung:

---

[3] Eine ausführliche Beschreibung des in dieser Arbeit verwendeten offenen statischen Modells findet sich z. B. bei R. Stäglin: Methodische und rechnerische Grundlagen der Input-Output-Analyse, in: R. Krengel (Hrsg.): Aufstellung und Analyse von Input-Output-Tabellen, Sonderhefte zum Allgemeinen Statistischen Archiv, Heft 5, Göttingen 1973, S. 27–54.

(1) $$\sum_{j=1}^{n} x_{ij} + y_i = x_i \quad \text{mit } i = 1, \ldots, n.$$

Auf der linken Seite der Gleichung (1) sind die Vorleistungslieferungen an alle j Wirtschaftszweige (x_{ij}) angegeben sowie die Lieferungen an die Endnachfrage (y_i), die sich aus dem privaten und öffentlichen Verbrauch, den Investitionen und dem Export zusammensetzt; auf der rechten Seite erscheint der Wert der sektoralen Bruttoproduktion (x_i). Angenommen wird außerdem, daß die bezogenen Vorleistungen eines Wirtschaftszweigs proportional zu seiner Gesamtproduktion sind; es wird also Konstanz der Inputkoeffizienten $a_{ij} = \frac{x_{ij}}{x_j}$ unterstellt. Diese Annahme kommt in der sogenannten Leontief-Produktionsfunktion

(2) $$x_{ij} = a_{ij} \cdot x_j$$

zum Ausdruck, die linear-homogen und limitational ist. Wird sie in die Bilanzgleichung (1) übernommen, erhält man

(3) $$\sum_{j=1}^{n} a_{ij} x_j + y_i = x_i \quad \text{mit } i = 1, \ldots, n.$$

Dieses System linearer Gleichungen wird als offenes statisches Leontief-Modell bezeichnet und läßt sich in Matrixschreibweise durch

(4) $$Ax + y = x$$

darstellen. Dabei sind

$$x = (x_1, \ldots, x_n)$$

der Spaltenvektor der sektoralen Bruttoproduktionswerte,

$$y = (y_1, \ldots, y_n)$$

der Spaltenvektor der Endnachfragelieferungen der einzelnen Wirtschaftszweige und

$$A = \begin{bmatrix} a_{11} & \cdots & a_{1n} \\ \cdot & & \cdot \\ \cdot & & \cdot \\ \cdot & & \cdot \\ a_{n1} & \cdots & a_{nn} \end{bmatrix}$$

die Matrix der intermediären Inputkoeffizienten. Durch entsprechende Auflösung des Gleichungssystems läßt sich die gesamte „technologisch" abhängige Bruttoproduktion für eine exogen vorgegebene Endnachfrage errechnen als

(5) $$x = (I - A)^{-1} y$$
$$= C y.$$

Hierbei bedeuten

$$I = \begin{bmatrix} 1 & \cdots & 0 \\ \cdot & & \cdot \\ \cdot & & \cdot \\ \cdot & & \cdot \\ 0 & \cdots & 1 \end{bmatrix}$$

die Einheitsmatrix von der Ordnung n und

$$C = \begin{bmatrix} c_{11} & \cdots & c_{1n} \\ \cdot & & \cdot \\ \cdot & & \cdot \\ \cdot & & \cdot \\ c_{n1} & \cdots & c_{nn} \end{bmatrix}$$

die Inverse der Leontief-Matrix $(I - A)$. Ihre Elemente geben an, wieviel der Sektor i produzieren muß, damit eine Einheit Endnachfrage nach Gütern des Sektors j befriedigt werden kann.

Durch die Koeffizienten der invertierten Leontief-Matrix lassen sich somit die gesamten, d. h. direkt und indirekt benötigten Outputs aller Sektoren ermitteln, die zur Befriedigung der autonomen Nachfrage nach Gütern eines bestimmten Sektors notwendig sind. Wenn z. B. die Ausfuhr von Maschinen steigt, wirkt sich das nicht nur auf die Produktion des unmittelbar angesprochenen Maschinenbaus aus (direkte Effekte). Auch seine Zuliefersektoren wie die elektrotechnische Industrie und die Chemie, in der nächsten Runde wiederum deren Zulieferanten usw., sie alle müssen mehr Vorleistungsproduktion bereitstellen (indirekte Effekte), damit die gestiegene Auslandsnachfrage nach Maschinen letztlich befriedigt werden kann.

So wie die durch eine gestiegene Endnachfrage hervorgerufenen direkten und indirekten Produktionswirkungen berechnet werden können, ist es auch möglich, die im Zusammenhang mit dieser Produktion erforderlichen primären Inputs zu ermitteln. Geht man wiederum von konstanten Inputkoeffizienten aus und wählt die folgenden Bezeichnungen für den Einsatz von Arbeitskräften und Kapital je Einheit erzeugter Bruttoproduktion in den einzelnen Wirtschaftszweigen:

l_j Erwerbstätige insgesamt (Arbeitskoeffizient)

l_j^m männliche Erwerbstätige

l_j^w weibliche Erwerbstätige

l_j^q Erwerbstätige der Qualifikationsstufe q $(q = 1, \ldots, Q)$

k_j Anlagevermögen (Kapitalkoeffizient)

v_j Beitrag zum Bruttoinlandsprodukt (Entgelt an alle inländischen Primärinputs),

dann ergibt sich für vorgegebene sektorale Bruttoproduktionswerte die Zahl der benötigten Arbeitskräfte in den einzelnen Wirtschaftszweigen als

(6) $\qquad L_j = l_j \, x_j \quad (j = 1, \ldots, n)$

und in allen Sektoren zusammen als

(7) $\qquad L = \sum_{j=1}^{n} l_j \, x_j.$

Dieser Bedarf gliedert sich in männliche und weibliche Erwerbstätige entsprechend

(8) $\qquad L^m = \sum_{j=1}^{n} l_j^m \, x_j$

und

(9) $\qquad L^w = \sum_{j=1}^{n} l_j^w \, x_j$

und nach verschiedenen Qualifikationsstufen entsprechend

(10) $\qquad L^q = \sum_{j=1}^{n} l_j^q \, x_j \quad (q = 1, \ldots, Q).$

Als Anlagevermögen werden

(11) $$K = \sum_{j=1}^{n} k_j x_j$$

benötigt. Die gesamten Entgelte an inländische Produktionsfaktoren – Bruttoinlandsprodukt als Summe der Bruttoeinkommen aus unselbständiger Arbeit sowie aus Unternehmertätigkeit und Vermögen, der Abschreibungen und der indirekten Steuern abzüglich Subventionen – ergeben sich als

(12) $$V = \sum_{j=1}^{n} v_j x_j.$$

Werden die Ergebnisse auf der linken Seite der Gleichungen (6) bis (12) zu einem Spaltenvektor p und die Koeffizienten auf der rechten Seite dieser Ausdrücke zu einer Matrix A_p zusammengefaßt, d. h.

$$p = \begin{bmatrix} L_1 \\ \vdots \\ L_n \\ L \\ L^m \\ L^w \\ L^1 \\ \vdots \\ L^Q \\ K \\ V \end{bmatrix} \quad \text{und} \quad A_p = \begin{bmatrix} l_1 & & 0 \\ & \ddots & \\ 0 & & l_n \\ l_1 & \cdots & l_n \\ l_1^m & \cdots & l_n^m \\ l_1^w & \cdots & l_n^w \\ l_1^1 & \cdots & l_n^1 \\ \vdots & & \vdots \\ l_1^Q & \cdots & l_n^Q \\ k_1 & \cdots & k_n \\ v_1 & \cdots & v_n \end{bmatrix}$$

so läßt sich der Bedarf an Primärinputs auch schreiben als

(13) $$p = A_p x.$$

Für einen vorgegebenen Endnachfragevektor y ergibt sich der direkte und indirekte Bedarf an Primärinputs dann unter Berücksichtigung von (5) als

(14) $$p = A_p C y.$$

Setzt man in dieser Beziehung die Exporte bzw. deren Veränderung

$$E = (E_1, \ldots, E_n)$$

als Endnachfragevektor ein, können mit Hilfe von (14) die zur Produktion der Exportgüter benötigten Faktoren bzw. deren Mehrbedarf bei einer Erhöhung der Auslandsnachfrage ermittelt werden; sie ergeben sich als

(15) $$p^E = A_p C E.$$

Analog läßt sich auch der Minderbedarf an Produktionsfaktoren infolge von Importen errechnen, wenn die importierten Güter auch im Inland hergestellt werden können (konkurrierende Importe). Unterstellt man, daß eine Werteinheit der Importe jeweils eine Werteinheit der Nachfrage nach Gütern aus inländischer Produktion ersetzt, ergeben sich die Wirkungen von Importen auf Beschäftigung, Kapitalbedarf und Einkommen als

(16) $$p^M = -A_p \, C \, M,$$

wobei
$$M = (M_1, \ldots, M_n)$$

den Spaltenvektor der konkurrierenden Importe bzw. ihrer Veränderung bezeichnet.

In der Bewertung der Ergebnisse sind die einschränkenden Annahmen zu berücksichtigen, die diesen beiden Formeln zugrunde liegen. So werden durch angenommene Konstanz der Inputkoeffizienten Economies of Scale, Preiseffekte sowie Veränderungen im Auslastungsgrad ignoriert. Verzerrungen ergeben sich auch daraus, daß für die Koeffizienten die sektoralen Durchschnittswerte unterstellt werden. Der Fehler ist um so größer, je mehr die Produktionsfunktion für einzelne Güter vom Durchschnitt des gesamten Wirtschaftszweiges abweicht und je unterschiedlicher die Güterstruktur der Exporte bzw. Importe und diejenige der Gesamtproduktion des betreffenden Wirtschaftszweiges sind. Auf der Exportseite wird davon ausgegangen, daß die Ausfuhren im gesamten Umfang zu Produktion führen und nicht in Vermögensübertragungen bestehen (wie etwa Verkauf alter Flugzeuge oder Schiffe). Auf der Importseite stellt sich das Problem der Aufteilung in konkurrierende und nicht-konkurrierende Importe sowie die Frage, inwieweit inländische Nachfrage erst durch die Einfuhrmöglichkeit induziert wird, etwa aufgrund eines niedrigeren Preises. Die Beschäftigungswirkungen der Importe werden in dem gewählten Ansatz überschätzt, soweit inländische Nachfrage ohne sie nicht existieren würde, ihre Wirkungen werden dagegen unterschätzt, soweit sie unterdurchschnittlich produktive inländische Anbieter vom Markt verdrängen.

Angesichts der Verzerrungen durch die einschränkenden Annahmen des theoretischen Ansatzes wie auch durch Ungenauigkeiten im verwendeten Datenmaterial dürfen die Ergebnisse der Modellrechnungen nicht mit zu hohem Exaktheitsanspruch interpretiert werden. In ihrer Richtung und Größenordnung dürften sie allerdings ein zutreffendes Bild zeichnen. Zudem dürften die Verzerrungen tendenziell bei allen EG-Ländern in dieselbe Richtung gehen, so daß der Vergleich der Wirkungen zwischen diesen Ländern nicht wesentlich beeinträchtigt ist.

2.2 Erläuterung und Aufbereitung des statistischen Materials

Die für die empirische Analyse verwendeten Daten beruhen auf Angaben der EG und der OECD. Das verfügbare Zahlenmaterial erlaubt eine Disaggregation in 24 Wirtschaftszweige, darunter 16 im Verarbeitungsbereich (vgl. die Übersicht 2).

Die Koeffizienten für den Einsatz von Vorleistungen und den Beitrag zum Bruttoinlandsprodukt wurden aus den standardisierten Input-Output-Tabellen des statistischen Amtes der EG ermittelt. Im Verarbeitungsbereich konnte die Gliederungstiefe der Originaltabellen – bis auf die Zusammenfassung der Nahrungsmittelsektoren – beibehalten werden, im Bergbau- und Energiebereich sowie im Dienstleistungsbereich wurden die Tabellen entsprechend der Verfügbarkeit aktueller Beschäftigungs- und Produktionsdaten aggregiert. Bei Großbritannien sind das Kreditwesen und Versicherungsgewerbe zusammen mit den sonstigen marktbestimmten Dienstleistungen im Sektor 22 enthalten. Die neuesten Input-Output-Tabellen der EG beziehen sich auf das Jahr 1970[4]. Dementsprechend verstehen sich die Wertangaben in dieser Arbeit – wenn nicht anders angegeben – zu Preisen von 1970. Die Währungseinheit ist der US-$, der 1970 der europäischen Rechnungseinheit EUR entsprach[5].

Die Arbeitskoeffizienten wurden aus Zahlen der volkswirtschaftlichen Gesamtrechnung der EG geschätzt[6] und geben die Zahl der Erwerbstätigen je Einheit Bruttoproduktionswert entsprechend der Ar-

---

[4] Eurostat: Input-Output-Tables. The Nine and the Community, Special Series 8, 1970, Luxemburg 1978.

[5] Daten, die in den Quellen in nationaler Währung ausgedrückt sind, wurden mit den von der EG für 1970 angegebenen Wechselkursen umgerechnet (1 US-$ = 1 EUR = 3,66000 DM = 5,55419 FF = 625,000 LIT = 3,62000 HFL = 50,0000 BFR = 0,41667 UKL).

[6] Dazu stellte die EG-Kommission Ausdrucke mit revidierten Daten zur Beschäftigung und zum Bruttoinlandsprodukt zur Verfügung. Die Bruttoproduktionswerte wurden durch Ergänzung der BIP-Werte um die Vorleistungen (aus dem In- und Ausland) entsprechend den Relationen in den 1970er Input-Output-Tabellen geschätzt. Wegen fehlender Untergliederung konnten bei den Sektoren 10 und 11, 13 und 14 sowie 15 und 18 jeweils nur durchschnittliche Arbeitskoeffizienten für die beiden Sektoren zusammen ermittelt werden.

Übersicht 2 Abgrenzung der Sektoren

Nr.	Bezeichnung	Abkürzung	Nummer der NACE CLIO (R44)[1]	Nummer der SITC[2]
1	Erzeugnisse der Landwirtschaft, der Forstwirtschaft und der Fischerei	LANDW	01	⎣04, 05, 22, 23 (ohne 231.2), 241.1, 271, 29⎦
2	Bergbau und Energie[3]	BERGB,EN	03,05,07,09,11	⎣286[5], 32 (ohne 321.8), 33, 34, 35, 688[6]⎦
3-18	Erzeugnisse des verarbeitenden Gewerbes	VERARB		
3-5	Grundstoffe und Produktionsgüter	GRUNDST		
3	Eisen- und NE-Erze und -Metalle[4]	ERZE,MET	13	
	- Erze	-ERZE		⎣28 ohne 286[5]⎦
	- Metalle	-METALLE		67 (ohne 679.3), 68 (ohne 688[6]), 693 (ohne 693.4), 698.2, 698.3, 698.6, 723.1
4	Mineralien und nichtmetallhaltige mineralische Erzeugnisse	BAUST	15	
	- Unbearbeitet	-ROH		⎣27 ohne 271⎦
	- Be- und verarbeitet	-VERARB		66, 697.9, 723.2, 231.2, 241.2, 266.2, 266.3, 321.8, 51, 52
5	Chemische Erzeugnisse	CHEM	17	53, 54, 55, 56, 57, 59
6-11	Investitionsgüter	INVGUET		
6	Metallerzeugnisse (ohne Maschinen und Fahrzeuge)	METGUET	19	679.3, 691, 692.2, 693.4, 694, 695, 696, 697 (ohne 697.9), 698.1, 698.4, 698.5, 698.9, 81
7	Landwirtschaftliche Maschinen und Maschinen für die Industrie	MB	21	692 (ohne 692.2), 71 (ohne 714 und 719.4)
8	Büromaschinen, Datenverarbeitungsgeräte und -einrichtungen, feinmechanische und optische Erzeugnisse	BM,FEINM	23	714, 726, 729.7, 86 (ohne 861.7)
9	Elektrotechnische Erzeugnisse	ELT	25	719.4, 72 (ohne 723, 726 und 729.7), 891.1
10	Kraftwagen und deren Einzelteile	KFZ	27	732 (ohne 732.9), 733.3
11	Fahrzeuge (ohne Kraftwagen)	S.FZ	29	731, 732.9, 733.1, 734, 735
12	Nahrungsmittel, Getränke, Tabakwaren	NG	31,33,35,37,39	⎣00, 01, 02, 03, 06, 07, 08, 09, 11, 12, 41, 42, 43⎦
13-18	Konsumgüter	KONGUET		
13	Textilien, Bekleidung	TEX,BEKL	41	21, 26 (ohne 266.2 und 266.3), 65, 84 (ohne 841.6)
14	Leder und Lederwaren, Schuhe	LEDER	43	61, 83, 85
15	Holz und Holzmöbel	HOLZ	45	24 (ohne 241), 63, 82, 895.1
16	Papier, Pappe und Waren daraus, Druckerei- und Verlagserzeugnisse	PAPDRUCK	47	25, 64, 892
17	Gummi- und Kunststofferzeugnisse	GUMPLAST	49	58, 62, 841.6, 893
18	Sonstige Erzeugnisse des verarbeitenden Gewerbes	S.VERARB	51	733.4, 861.7, 891 (ohne 891.1), 894, 895 (ohne 895.1), 896, 897, 899
19	Hoch- und Tiefbauten	BAUTEN	53	
20-24	Dienstleistungen	DIENSTL		
20	Dienstleistungen des Handels, Rückgewinnung und Reparaturen	HANDEL	55,57	
21	Dienstleistungen des Verkehrs und der Nachrichtenübermittlung	VERKNACH	61,63,65,67	
22	Dienstleistungen des Kreditwesens und des Versicherungsgewerbes	KREDVERS	69	
23	Sonstige marktbestimmte Dienstleistungen	SMDIENST	59,71,73,75,77,79	
24	Nichtmarktbestimmte Dienstleistungen	NMDIENST	81,85,89,93	

1) Statistisches Amt der Europäischen Gemeinschaften: Methodologie der Input-Output-Tabellen für die Gemeinschaft 1970-1975, Sonderreihe 1 - 1976, S. 11-13.- 2) UN Statistical Office: Standard International Trade Classification Revised, Statistical Papers, Series M, No. 34, New York 1961. Die Gütergruppen in eckigen Klammern werden in dieser Arbeit als nicht-konkurrierende Waren angesehen.- 3) Steinkohle, Braunkohle, Briketts; Koks; Erdöl und Erdgas, Mineralölerzeugnisse; Elektrizität, Gas, Dampf, Wasser; spaltbare und brutstoffhaltige Erze und Erzeugnisse daraus.- 4) Ohne Spalt- und Brutstoffe.- 5) Uran- und Thoriumerze und Konzentrate.- 6) Uran, Thorium und ihre Legierungen.

beitsproduktivität von 1977 wieder. Auch der Untergliederung in männliche und weibliche Arbeitskräfte liegen im wesentlichen Angaben für 1977 zugrunde[7]. Die Aufteilung nach Qualifikationsstufen beruht auf den Daten einer Erhebung über die Beschäftigten in der Industrie im Jahre 1972 und konnte nur für den Verarbeitungsbereich (Sektoren 3 bis 18) durchgeführt werden[8], auf den allerdings mehr als 80 vH der direkten und indirekten Beschäftigungswirkungen des Industriegüterhandels entfallen. Dabei werden die folgenden sieben Leistungsgruppen unterschieden:

---

[7] Für die Industriezweige wurden Angaben über die Aufteilung der Beschäftigten nach Männern und Frauen im Jahre 1977 zugrunde gelegt (Eurostat: Beschäftigung und Arbeitslosigkeit 1972-1978, Luxemburg 1979), für die anderen Sektoren Informationen über die Erwerbstätigen aus Volkszählungen um 1970 (Eurostat: Volkszählungen in den Ländern der Gemeinschaft 1968-1971, Luxemburg 1977).

[8] Eurostat: Sozialstatistik. Gehalts- und Lohnstruktur in der Industrie 1972, Spezialserie. Für eine ausführliche Beschreibung der verschiedenen Leistungsgruppen vgl. den Band 1 (Methodik und Definitionen), S. 30-38.

Angestellte

1. Höhere und mittlere Führungskräfte
2. Qualifizierte Angestellte (Assistenten)
3. Ausführende Angestellte
4. Meister

Arbeiter

5. Qualifizierte Arbeiter (Facharbeiter)
6. Halbqualifizierte Arbeiter (Angelernte Arbeiter)
7. Nichtqualifizierte Arbeiter (Hilfs- oder ungelernte Arbeiter).

Kapitalkoeffizienten konnten ebenfalls nur für die Sektoren im Verarbeitungsbereich berechnet werden, da Angaben über das Anlagevermögen lediglich für die Industrie verfügbar sind.[9] Es wurden die jeweils aktuellsten Daten verwendet; sie beziehen sich bei Frankreich und Großbritannien auf 1977, bei der Bundesrepublik, den Niederlanden und Belgien auf 1976 und bei Italien auf 1975.

Die Außenhandelswerte wurden den OECD-Statistiken für 1970 und 1977 entnommen.[10] Die nach SITC-Warengruppen untergliederten Exporte und Importe der einzelnen EG-Länder wurden entsprechend Übersicht 2 auf das gewählte Sektorschema aggregiert. Die Aufteilung der Importe in Güter, die auch im Inland hergestellt werden können, und solche, für die keine heimische Produktionsmöglichkeit besteht, ist schwierig und dürfte zudem von Land zu Land unterschiedlich ausfallen. Hier wurde eine pragmatische Lösung gewählt, indem angesichts des technologischen Wissensstandes der Industrieländer grundsätzlich alle importierten be- oder verarbeiteten Waren als auch im EG-Land herstellbar angesehen werden. Ausgenommen davon wurden Nahrungs- und Genußmittel sowie Mineralölprodukte. Die Einstufung aller Ernährungsgüterimporte als nichtkonkurrierend gründet sich auf die Überlegung, daß gerade hier der internationale Handel weitgehend administrativen Regelungen unterliegt und die Einfuhren aus Entwicklungsländern überwiegend aus tropischen Agrarerzeugnissen bestehen, die naturgemäß in Europa nicht hergestellt werden können. Mineralölprodukte mußten ausgeschlossen werden, da keine gesonderten Angaben über die Produktionsfunktion dieser Erzeugnisse verfügbar waren; sie sind im Sektor Bergbau und Energie enthalten. Die hier gewählte Abgrenzung konkurrierender Importe deckt sich im wesentlichen mit den SITC-Gruppen 5 bis 8 (Industrieprodukte). Um Vergleichbarkeit zu gewährleisten, werden die Beschäftigungs- und Produktionseffekte auch auf der Exportseite lediglich für die Industrieprodukte ermittelt, die allerdings nahezu vollständig die Ausfuhr der EG-Länder bestreiten.

Die Handelswerte von 1977 wurden mit Hilfe sektoraler Unit-Value-Indizes auf die Preisbasis 1970 der Input-Output-Tabellen deflationiert.[11] Im Durchschnitt haben sich die Preise der industriellen Importe und Exporte in US-$ zwischen 1970 und 1977 etwa verdoppelt.

Die in der Analyse unterschiedenen Ländergruppen sind in Übersicht 3 aufgeführt. Die Untergliederung erlaubt innerhalb der Gruppe der Entwicklungsländer einen Vergleich zwischen dem Warenhandel mit den südeuropäischen Ländern – unter ihnen gesondert den EG-Beitrittskandidaten Spanien, Griechenland[12] und Portugal –, den nicht der OPEC angeschlossenen außereuropäischen Entwicklungsländern – mit getrennter Behandlung der Mittelmeerländer, Lateinamerikas und der exportstarken südostasiatischen Länder – sowie den OPEC-Ländern. Darüber hinaus lassen sich Vergleiche der Auswirkungen des Handels mit Entwicklungsländern einerseits und der Arbeitsteilung mit den östlichen Staatshandelsländern sowie den westlichen Industrieländern andererseits durchführen.

---

[9] B. Seidel (unter Mitarbeit von I. Schweiger): Berechnung des Industriellen Brutto-Anlagevermögens in den EG-Ländern unter Anwendung einheitlicher Definitionen, Abgrenzungen und Verfahren, DIW-Beiträge zur Strukturforschung Heft 62, Berlin (Duncker und Humblot) 1981.

[10] OECD: Commodity Trade Statistics, Series C. Als die Berechnungen begonnen wurden, waren die Zahlen für 1977 die aktuellsten nach Länder- und Warengruppen untergliederten Handelsdaten. 1977 ist das letzte Jahr, für das noch von allen OECD-Ländern Angaben nach SITC Rev. 1 vorliegen, und es ist daher mit früheren Jahren uneingeschränkt vergleichbar.

[11] Die aus der Gegenüberstellung von Wert- und Mengenangaben aus den OECD-Statistiken errechneten Indizes wurden uns dankenswerterweise von der EG-Kommission zur Verfügung gestellt.

[12] Griechenland ist seit dem 1. 1. 1981 Mitglied der EG.

Übersicht 3

Abgrenzung der Ländergruppen

1. Alle Entwicklungsländer
1.1 Europäische Entwicklungsländer[1]
1.1.1 Spanien, Griechenland, Portugal
1.1.2 Jugoslawien, Türkei
1.2 Außereuropäische Entwicklungsländer[2] (ohne OPEC)
1.2.1 Mittelmeerländer[3]
1.2.2 Lateinamerika
1.2.3 Südostasiatische Schwellenländer[4]
1.2.4 Übrige Entwicklungsländer
1.3 OPEC-Länder[5]

2. VR China

3. RGW-Länder[6]

4. Westliche Industrieländer (ohne EG)
4.1 Japan
4.2 USA
4.3 Übrige westliche Industrieländer

5. EG-Länder (9)

6. Alle Länder

---

1)2) Gibraltar, Malta und Europa a.n.g. sind bei den außereuropäischen Entwicklungsländern enthalten.- 3) Ägypten, Gazastreifen, Gibraltar, Israel, Jordanien, Libanon, Malta, Marokko, Spanisch Sahara, Syrien, Tunesien, Zypern und Europa a.n.g.- 4) Hongkong, Malaysia, Philippinen, Singapur, Südkorea und Taiwan.- 5) Organization of the Petroleum Exporting Countries, zuzüglich Bahrein, Nordjemen, Oman, Südjemen und Mittlerer Osten a.n.g.- 6) Rat für Gegenseitige Wirtschaftshilfe, ohne Kuba und Vietnam.

3. Arbeitsteilung mit Entwicklungsländern im Rahmen des Außenhandels der EG-Länder

Im Jahre 1977 gaben die hier untersuchten sechs EG-Länder zusammen gut 360 Mrd. $ oder fast zweieinhalb mal soviel wie 1970 für die E i n f u h r von Waren aus. An der Ausgabensteigerung waren Lieferungen aus Entwicklungsländern überdurchschnittlich beteiligt. Dazu trugen einmal höhere Rohstoffpreise bei, insbesondere die Preisexplosion beim Erdöl infolge der Angebotspolitik der OPEC-Länder, zum anderen eine kräftige Ausweitung der Fertigwarenbezüge aus Ländern der Dritten Welt. Lediglich für Großbritannien zeigt sich ein etwas anderes Bild: Das Vereinigte Königreich kam aufgrund eigener Vorkommen mit relativ niedrigen Mehrausgaben für Erdöleinfuhren aus, außerdem nahmen im Gefolge des Beitritts zur EG die Importe aus Gemeinschaftsländern weit schneller als diejenigen aus anderen Regionen zu.

Die Erfolge bei Industrieprodukten erzielten die Entwicklungsländer vor allem mit Konsumgütern. Hier erreichen sie im allgemeinen ihre höchsten Importmarktanteile, die sie zudem im betrachteten Zeitraum in allen EG-Ländern ausweiten konnten. Weiterhin große Bedeutung haben sie als Lieferant von Metallen und nicht-metallischen mineralischen Produkten. Aufgrund des Rückgangs der Metalleinfuhren der EG aus den außereuropäischen Entwicklungsländern stieg der Absatz der Dritten Welt bei den Grundstoffen insgesamt allerdings nur geringfügig oder nahm sogar ab. Die höchsten Zuwachsraten erreichten die Entwicklungsländer bei Erzeugnissen der Investitionsgüterindustrien. Hier fallen ihre Lieferungen jedoch erst wenig ins Gewicht; sie bestehen überwiegend nicht aus Investitionsgütern im engeren Sinne, sondern aus längerlebigen Gebrauchsgütern, vor allem der Elektrotechnik.

Am schnellsten konnten die Entwicklungsländer den Absatz von Industrieprodukten in den Niederlanden steigern – hier war er 1977 mengenmäßig etwa zweieinhalb mal so hoch wie 1970 –, gefolgt von Frankreich und der Bundesrepublik mit mehr als einer Verdoppelung innerhalb des betrachteten Zeitraums. Weit geringer fielen die Erfolge auf dem britischen, italienischen und belgischen Halb- und Fertigwarenmarkt aus. In Italien erreichten die Entwicklungsländer trotzdem noch ein gutes Ergebnis im Vergleich zu anderen ausländischen Anbietern, da die Industriegütereinfuhren Italiens insgesamt nur wenig zunahmen. Dagegen blieb die Dritte Welt in Großbritannien hinter dem Erfolg anderer ausländischer Anbieter zurück: Großbritannien hatte allerdings im EG-Vergleich bei den Industriewaren den höchsten Einfuhrzuwachs zu verzeichnen, vor allem verursacht durch den außergewöhnlich hohen Anstieg der Investitionsgüterkäufe in den anderen EG-Ländern. Das schlechte Abschneiden der Entwicklungsländer in Belgien erklärt sich vor allem aus dem Rückgang der Metalleinfuhren, die in diesem Land ein besonders großes Gewicht haben; die belgischen Konsumgütereinfuhren aus der Dritten Welt wuchsen dagegen weit schneller als die britischen und italienischen.

Insgesamt gesehen überwiegen bei den Lieferungen der Entwicklungsländer weiterhin Erdöl und andere mineralische Rohstoffe sowie Agrarerzeugnisse (einschl. Nahrungs- und Genußmittel). Auf Industrieprodukte entfielen 1977 im Durchschnitt nur 20 bis 30 vH, bei den Einfuhren aus den Staatshandelsländern dagegen mehr als die Hälfte und bei den Importen aus den Ländern der Gemeinschaft und den anderen westlichen Industrieländern 70 bis 80 vH. Besonders niedrig ist der Anteil von Industrieprodukten naturgemäß bei den Bezügen aus den OPEC-Ländern, aber auch bei den Importen aus Lateinamerika mit ihrem traditionellen Schwergewicht auf Agrarerzeugnissen und mineralischen Rohstoffen. Die Lieferungen Südeuropas und Südostasiens bestehen dagegen in ähnlich hohem Maße aus Industrieprodukten wie die Lieferungen der Industrieländer.

Auch innerhalb des Halb- und Fertigwarenbereichs sind die Lieferstrukturen zwischen den Ländergruppen unterschiedlich je nach Ausstattung mit natürlichen Ressourcen und Stand der Entwicklung. Bei den Einfuhren aus allen hier behandelten Entwicklungsländergruppen stehen Konsumgüter im Vordergrund mit Textilien und Bekleidung als wichtigsten Posten. Darüber hinaus kommen aus Lateinamerika überdurchschnittlich viel Leder und Lederwaren, aus Südostasien Musikinstrumente, Spiel-, Sport- und Schmuckwaren und aus den übrigen Entwicklungsländern vor allem Holz und Holzwaren. Grundstoffe

Tabelle 1   Importe der EG-Länder 1970 und 1977
- in jeweiligen Preisen -

	Bundesrepublik Deutschland	Frankreich	Italien	Vereinigtes Königreich	Niederlande	Belgien
Gesamte Importe						
In Mrd. US-$						
1970	28,9	18,9	14,9	20,3	13,1	11,3
1977	98,5	70,1	46,5	62,8	45,1	39,7
Durchschnittliche jährliche Veränderung 1977/70 in vH	19,1	20,6	17,7	17,5	19,3	19,6
dar. Importe aus:						
Europäischen Entwicklungsländern	20,6	28,2	15,7	15,8	25,2	21,8
Außereuropäischen Entwicklungsländern (ohne OPEC)	20,1	19,1	16,5	15,4	21,1	12,7
OPEC-Ländern	27,1	29,3	26,5	18,5	29,3	29,1
Importe von Industriegütern						
In Mrd. US-$						
1970	18,8	13,1	9,1	11,7	9,2	8,2
1977	60,8	43,4	24,4	40,3	28,1	27,6
Durchschnittliche jährliche Veränderung 1977/70 in vH	18,2	18,7	15,2	19,3	17,3	19,0
dar. Importe aus:						
Europäischen Entwicklungsländern	26,5	35,1	21,5	20,7	28,5	25,4
Außereuropäischen Entwicklungsländern (ohne OPEC)	21,4	18,7	13,7	15,4	26,3	11,6
OPEC-Ländern	16,9	13,6	12,8	18,6	17,6	15,0
Anteil von Industriegütern an den Gesamtimporten aus der jeweiligen Ländergruppe 1977 (in vH)						
Alle Länder	61,8	61,9	52,6	64,2	62,3	69,5
Entwicklungsländer	31,6	21,1	19,6	29,4	16,4	29,9
Europäische Entwicklungsländer	71,2	72,7	64,5	57,4	60,7	69,6
Außereuropäische Entwicklungsländer (ohne OPEC)	45,1	34,4	37,5	43,9	34,4	59,0
dar.: Südostasien	78,5	79,1	71,1	79,7	78,1	83,0
OPEC-Länder	3,6	1,7	1,9	4,7	0,8	1,3
VR China	54,8	72,7	90,2	67,4	58,9	72,4
RGW-Länder	54,9	51,4	32,4	69,9	53,0	61,3
Westliche Industrieländer (ohne EG)	77,1	81,0	72,7	81,4	67,5	73,0
EG-Länder	70,7	81,3	72,3	71,7	82,9	78,6
Anteil an den Industriegüterimporten aus allen Ländern 1977 (in vH)						
Entwicklungsländer	12,6	10,5	12,5	11,5	6,8	7,1
Europäische Entwicklungsländer	4,2	4,5	4,2	2,2	1,8	1,5
Außereuropäische Entwicklungsländer (ohne OPEC)	7,8	5,5	7,6	8,5	4,8	5,4
OPEC-Länder	0,6	0,5	0,7	0,7	0,2	0,2
VR China, RGW-Länder	4,2	2,9	4,1	4,1	2,2	1,6
Westliche Industrieländer (ohne EG)	27,6	21,5	23,2	41,3	18,2	14,4
EG-Länder	55,6	65,1	60,3	43,1	72,8	76,8

Quellen: OECD, Commodity Trade Statistics, Series C, 1970 und 1977; Berechnungen des DIW.

spielen eine besonders große Rolle bei den Bezügen aus Lateinamerika (Metalle, chemische Produkte), dem Mittelmeerraum (mineralische und chemische Produkte) und den übrigen Entwicklungsländern (Metalle, mineralische Produkte). Die höchsten Anteile von Erzeugnissen der Investitionsgüterindustrien weisen die Lieferungen aus Südostasien (Elektrotechnik, Büromaschinen und Feinmechanik) sowie aus Südeuropa und Lateinamerika (Maschinenbau, Elektrotechnik, Kraftfahrzeuge) auf.

Noch stärker als die Einfuhren aus Entwicklungsländern konzentrierten sich die Bezüge aus der Volksrepublik China auf Konsumgüter (Textilien, Bekleidung und sonstige verarbeitete Waren). Die Lieferungen der RGW-Länder bestehen im wesentlichen - zu etwa gleichen Teilen - aus Konsumgütern (Textilien, Bekleidung und Holzwaren) und Grundstoffen (Metalle, chemische Erzeugnisse). Dagegen spielen bei den Importen aus den westlichen Industrieländern Erzeugnisse der Investitionsgüterindustrien die dominierende Rolle. Besonders hoch ist ihr Anteil bei den japanischen Lieferungen mit dem Schwergewicht auf Fahrzeugen, Elektronik sowie Büromaschinen und Feinmechanik. Die USA liefern vor allem Maschinenbauerzeugnisse, Büromaschinen und Güter der Elektrotechnik, darüber hinaus in besonders großem Umfang chemische Produkte. Bei den Einfuhren aus den Ländern der Europäischen Gemeinschaft spielen im Investitionsgüterbereich Maschinenbauerzeugnisse und Kraftfahrzeuge die größte Rolle; hohe Anteile erreichen

Tabelle 2 Exporte der EG-Länder 1970 und 1977
- in jeweiligen Preisen -

	Bundesrepublik Deutschland	Frankreich	Italien	Vereinigtes Königreich	Niederlande	Belgien
Gesamte Exporte						
In Mrd. US-$						
1970	33,7	17,5	13,0	18,5	11,4	11,3
1977	115,2	62,6	44,1	55,8	42,4	35,8
Durchschnittliche jährliche Veränderung 1977/70 in vH	19,3	20,0	19,0	17,1	20,5	17,9
dar. Exporte in:						
Europäische Entwicklungsländer	18,8	20,5	16,7	16,0	22,2	17,9
Außereuropäische Entwicklungsländer (ohne OPEC)	17,2	20,1	16,6	12,8	18,4	18,8
OPEC-Länder	40,3	30,8	40,2	32,4	34,7	35,3
Exporte von Industriegütern						
In Mrd. US-$						
1970	31,4	13,9	11,2	16,6	6,9	9,8
1977	106,1	50,6	38,2	47,7	24,0	29,9
Durchschnittliche jährliche Veränderung 1977/70 in vH	19,0	20,2	19,2	16,3	19,6	17,2
dar. Exporte in:						
Europäische Entwicklungsländer	18,8	21,2	16,2	15,6	24,0	17,5
Außereuropäische Entwicklungsländer (ohne OPEC)	17,0	20,0	16,4	12,5	18,7	17,8
OPEC-Länder	40,2	30,8	41,3	32,6	34,8	34,8
Anteil von Industriegütern an den Gesamtexporten in die jeweilige Ländergruppe 1977 (in vH)						
Alle Länder	92,1	80,8	86,8	85,5	57,1	83,6
Entwicklungsländer	95,8	87,7	91,0	90,6	71,2	87,5
VR China	98,5	93,9	99,7	99,7	92,6	97,4
RGW-Länder	96,3	92,4	95,3	96,9	80,0	90,9
Westliche Industrieländer (ohne EG)	94,7	83,9	84,0	86,8	70,5	89,8
EG-Länder	88,1	74,7	84,3	79,5	51,5	81,7
Anteil an den Industriegüterexporten in alle Länder 1977 (in vH)						
Entwicklungsländer	23,8	32,5	30,6	32,0	17,8	14,0
Europäische Entwicklungsländer	6,1	5,9	7,2	4,6	4,3	2,9
Außereuropäische Entwicklungsländer (ohne OPEC)	8,2	15,9	9,2	13,7	7,5	6,4
OPEC-Länder	9,5	10,7	14,2	13,6	5,9	4,7
VR China, RGW-Länder	6,4	5,2	5,9	3,1	2,9	2,3
Westliche Industrieländer (ohne EG)	26,8	15,6	17,5	30,5	14,1	12,3
EG-Länder	43,0	46,6	46,0	34,4	65,2	71,4

Quellen: OECD, Commodity Trade Statistics, Series C, 1970 und 1977; Berechnungen des DIW.

auch Metalle, chemische Erzeugnisse sowie Textilien und Bekleidung. Bei den Bezügen aus den anderen westlichen Industrieländern spielen Konsumgüter (vor allem Papier etc.) und Investitionsgüter eine etwa gleichgroße Rolle.

Die Warenausfuhr der sechs EG-Länder zusammen stieg zwischen 1970 und 1977 im selben Tempo wie die Einfuhr und erreichte 1977 einen Wert von knapp 360 Mrd. $. Die Exporte in die Entwicklungsländer wuchsen besonders rasch. Diese Entwicklung wurde indes überwiegend durch die im Zuge der Ölpreiserhöhung gestiegene Kaufkraft der OPEC-Länder getragen. Am stärksten profitierten die Exportindustrien der Bundesrepublik Deutschland und Italiens von dem schnell expandierenden Markt in den Erdölländern, während sich die französische Industrie hier mit der geringsten Zuwachsrate begnügen mußte.[13] 1977 wurde ein Drittel bis zur Hälfte der Lieferungen der EG-Länder in die Dritte Welt allein von den OPEC-Ländern abgenommen. Das Wachstum der Exporte in die anderen Entwicklungsländer blieb im allgemeinen nur wenig unter dem Durchschnitt, obwohl diese Länder in erhöhtem Umfang Devisen für Erdöleinfuhren aufwenden mußten. Am wenigsten weiteten Großbritannien und Italien ihren Absatz in den Nichterdöl-Entwicklungsländern aus, sie steigerten demgegenüber ihre Lieferungen in die anderen EG-Länder besonders stark.

---

[13] Die verfügbaren Außenhandelszahlen enthalten nicht die Waffenlieferungen.

Die Exporte der EG-Länder bestehen im wesentlichen aus Industrieprodukten. Lediglich bei den Lieferungen in Gemeinschaftsländer spielen auch andere Produkte eine wichtige Rolle. Dies gilt vor allem für Nahrungsmittel und Agrarerzeugnisse aus den Niederlanden und – in geringerem Maße – aus Frankreich. Das Schwergewicht bei den Industriegüterausfuhren liegt – am stärksten in der Bundesrepublik – auf Erzeugnissen der Investitionsgüterindustrien. Hier spielen neben dem Maschinenbau Kraftfahrzeuge die größte Rolle, in den Niederlanden Elektrotechnik. Darüber hinaus exportieren die Niederlande vor allem chemische Produkte. Am stärksten auf Konsumgüter ausgerichtet ist die italienische Exportwirtschaft mit ihrem besonders hohen Anteil von Textilien und Bekleidung sowie Lederwaren. Die belgischen Exporte weisen den niedrigsten Investitionsgüteranteil auf; hier haben vor allem Metalle, mineralische Produkte und Textilien ein großes Gewicht.

Die Exportschwerpunkte der einzelnen EG-Länder finden sich in der Tendenz auch bei ihren Lieferungen in die Entwicklungsländer wieder. Dabei verschiebt sich allerdings das Gewicht zugunsten der Chemie und der Investitionsgüter. Dies gilt vor allem für die Exporte des Maschinenbaus, der Elektrotechnik und des Fahrzeugbaus (ohne Kraftfahrzeuge). Die Lieferungen in die OPEC-Länder zeichnen sich infolge der forcierten Industrialisierungspolitik durch einen besonders hohen Investitionsgüteranteil aus, während chemische Erzeugnisse hier eine weniger große Rolle spielen – nicht zuletzt aufgrund des geringen Stellenwertes der Landwirtschaft in dieser Ländergruppe.

Ein Vergleich der Warenstruktur von Exporten und Importen im Handel mit den Entwicklungsländern zeigt: Die EG-Länder exportieren ein breites Sortiment von Erzeugnissen der Investitionsgüterindustrien und der Chemie. Dafür beziehen sie aus den OPEC-Ländern nahezu ausschließlich Rohöl und aus der Masse der anderen außereuropäischen Entwicklungsländern überwiegend andere Rohstoffe, insbesondere landwirtschaftliche Erzeugnisse. Hier hat sich also bisher die traditionelle komplementäre Arbeitsteilung zwischen Nord und Süd im wesentlichen erhalten, bei einem erkennbaren Trend in Richtung auf Ausweitung der substitutiven Arbeitsteilung. Mit einer Reihe von Ländern – vor allem den am weitesten fortgeschrittenen – hat sich der Austausch von Halb- und Fertigwaren dagegen schon zur überwiegenden Form der Arbeitsteilung entwickelt. Sie ist heute noch weitgehend ein Tausch von Verbrauchsgütern gegen Investitionsgüter. Beträchtlich erhöht hat sich in den siebziger Jahren aber auch der gegenseitige Handel mit Gütern der Investitionsgütersektoren. Allerdings unterscheiden sich hier die Warenstrukturen der Importe und Exporte noch deutlich voneinander: Bei den Importen aus den Entwicklungsländern stehen langlebige Gebrauchsgüter im Vordergrund, bei den Exporten Investitionsgüter im engeren Sinne.

Das Muster des Tausches von Konsumgütern gegen Investitionsgüter und chemische Produkte im Industriewarenhandel mit der Dritten Welt findet sich am stärksten ausgeprägt bei der Bundesrepublik Deutschland und den Niederlanden, gefolgt von Großbritannien. Frankreich und Italien verzeichnen daneben beträchtliche Nettoimporte von Metallen. Dies gilt noch stärker für Belgien; hier ist die Arbeitsteilung mit den Entwicklungsländern vor allem durch Warenaustausch innerhalb der Sektoren Metalle und mineralische Produkte gekennzeichnet und entspricht am wenigsten dem typischen Bild.

Der Industriewarenhandel der EG-Länder mit den anderen Industrieländern ist mehr durch intrasektorale als intersektorale Arbeitsteilung gekennzeichnet. Auch hier zeigt die Bundesrepublik sehr deutlich komparative Vorteile bei Investitionsgütern und Chemie, weniger stark auch Großbritannien, Frankreich und die Niederlande. Dagegen liegen die Schwerpunkte im Nettoexport Italiens hier mehr im Konsumgüterbereich, diejenigen Belgiens bei Metallen und Textilien.

Im wesentlichen spielt sich der Handel mit Industrieprodukten zwischen den Industrieländern selbst ab. So kamen 1977 die Halb- und Fertigwareneinfuhren der EG-Länder zu 80 bis 90 vH aus westlichen Industrieländern, die Industriewarenausfuhren gingen zu 60 bis 80 vH in diese Ländergruppe. Die wichtigste Rolle spielen dabei die Länder der Gemeinschaft selbst; lediglich der Handel Großbritanniens entfällt aufgrund der fortdauernden intensiven außergemeinschaftlichen Bindungen dieses Landes zu etwa gleichen Teilen auf Gemeinschaftsländer und die anderen westlichen Industrieländer. Am stärksten ist der Handel der Niederlande und Belgiens auf die EG ausgerichtet mit entsprechend geringerem Anteil für die anderen Regionen. So bezogen die beiden kleinsten der hier untersuchten EG-Länder 1977 lediglich etwa 7 vH ihrer Industriewareneinfuhr aus der Dritten Welt, die vier großen Länder immerhin 11 bis 13 vH. Auf der Exportseite liegt der Anteil der Entwicklungsländer zwei- bis dreimal so hoch.

4. Gesamtwirtschaftliche Beschäftigungs- und Einkommenswirkungen des Handels mit Entwicklungsländern

Mit Hilfe der skizzierten Modellrechnungen läßt sich schätzen, daß 1977 in den sechs untersuchten EG-Ländern zusammen fast 14 Millionen Erwerbstätige direkt oder indirekt für den Export von Industriewaren gearbeitet haben. In Relation zur Gesamtbeschäftigung hatten die Exporte die größte Bedeutung in Belgien – hier waren mehr als ein Fünftel aller Erwerbstätigen dafür beschäftigt – und die geringste in Frankreich mit einem Zehntel. Im verarbeitenden Gewerbe allein hingen in den beiden kleineren EG-Ländern rund zwei Drittel, in den vier großen Ländern ein gutes Drittel der Arbeitsplätze von Industriegüterexporten ab. Eine entsprechende Kalkulation des „Beschäftigungsäquivalents" der Importe als derjenigen Zahl von Erwerbstätigen, die nötig gewesen wäre, um die importierten Industriewaren im Inland zu produzieren, ergibt für die sechs Länder zusammen fast 11 Mill. Personen. Das sind drei Viertel des Beschäftigungseffekts der Exporte; lediglich in den Niederlanden mit ihrem hohen Anteil von Nahrungsmittelexporten war die Zahl der von Industriegüterausfuhren abhängigen Erwerbstätigen kleiner als die durch Industriegütereinfuhren entgangene Zahl von Arbeitsplätzen.

Tabelle 3 Gesamtwirtschaftliche Beschäftigungswirkungen des Industriegüterhandels in den EG-Ländern 1977

	Bundesrepublik Deutschland	Frankreich	Italien	Vereinigtes Königreich	Niederlande	Belgien
	Handel mit allen Ländern					
Von Exporten abhängige Erwerbstätige						
insgesamt						
in Tsd. Personen	4 053,8	2 164,5	2 409,6	3 476,3	714,8	838,0
in vH der Gesamtbeschäftigung	16,2	10,1	11,9	13,9	15,9	22,4
im verarbeitenden Gewerbe						
in Tsd. Personen	3 209,8	1 744,6	2 042,4	2 799,0	632,2	700,5
in vH der Gesamtbeschäftigung	37,9	31,3	36,2	40,0	62,8	71,6
Infolge von Importen nicht benötigte Erwerbstätige						
insgesamt						
in Tsd. Personen	2 580,1	2 039,0	1 303,4	2 977,0	909,0	807,0
in vH der Gesamtbeschäftigung	10,3	9,5	6,4	11,9	19,5	21,5
im verarbeitenden Gewerbe						
in Tsd. Personen	2 040,4	1 632,6	1 081,2	2 389,3	783,3	680,7
in vH der Gesamtbeschäftigung	24,1	29,3	19,1	34,2	77,8	69,5
	Handel mit Entwicklungsländern					
Von Exporten abhängige Erwerbstätige						
insgesamt						
in Tsd. Personen	956,8	679,9	685,4	1 124,9	124,8	121,3
in vH der Gesamtbeschäftigung	3,8	3,2	3,4	4,5	2,7	3,2
im verarbeitenden Gewerbe						
in Tds. Personen	763,8	549,6	576,3	908,3	106,9	101,3
in vH der Gesamtbeschäftigung	9,0	9,9	10,2	13,0	10,6	10,3
Infolge von Importen nicht benötigte Erwerbstätige						
insgesamt						
in Tsd. Personen	358,0	233,6	181,1	362,7	69,1	62,6
in vH der Gesamtbeschäftigung	1,4	1,1	0,9	1,5	1,5	1,7
im verarbeitenden Gewerbe						
in Tsd. Personen	289,9	185,8	153,4	295,1	59,2	52,4
in vH der Gesamtbeschäftigung	3,4	3,3	2,7	4,2	5,9	5,4

Quelle: Berechnungen des DIW.

Von den Exporten in Entwicklungsländer hingen 1977 in Großbritannien über 1 Million und in der Bundesrepublik fast 1 Million Erwerbstätige ab, in Italien und Frankreich fast 700 000, in den Niederlanden und Belgien jeweils 120 000. Das waren in allen Ländern etwa 3 bis 4 vH der Gesamtbeschäftigung. Im verarbeitenden Gewerbe allein arbeiteten rund 10 vH der Beschäftigten für Ausfuhren in die Dritte Welt, in Großbritannien sogar 13 vH. Die Zahl der aufgrund von Industriegütereinfuhren aus Entwicklungsländern nicht benötigten Arbeitsplätze betrug in den vier großen Ländern nur ein Drittel des Beschäftigungseffekts der Exporte, in den beiden kleineren EG-Ländern die Hälfte. In der Größenordnung entspricht der Beschäftigungseffekt der Warenströme im Industriegüterhandel mit der Dritten Welt etwa deren Anteil am gesamten Industriewarenhandel der einzelnen EG-Länder. Die folgende Untersuchung, die die Beschäftigungswirkungen jeweils gleichgroßer Exporte und Importe verdeutlicht, zeigt allerdings erhebliche Unterschiede zwischen den EG-Ländern und in den strukturellen Implikationen auf.

Tabelle 4 Beschäftigungs- und Einkommenseffekte einer Erhöhung der Industriegüterexporte um 100 Mill. US-$[1]

	Bundesrepublik Deutschland	Frankreich	Italien	Vereinigtes Königreich	Niederlande	Belgien
	Exporte in Entwicklungsländer					
Erwerbstätige (in Tsd.)	8,6	8,9	11,1	14,6	6,2	6,0
davon (in vH):						
Männer	72,2	71,6	75,5	73,9	84,9	76,0
Frauen	27,8	28,4	24,5	26,1	15,1	24,0
Qualifizierte Arbeitskräfte[2]	58,2	58,6	46,6	.	60,7	44,4
An- und ungelernte Arbeiter[3]	41,7	41,5	53,4	.	39,3	55,6
Anlagevermögen je Erwerbstätigen in Tsd. US-$	21	21	16	13	26	23
Bruttoinlandsprodukt in Mill. US-$	82	84	76	80	59	60
Bruttoinlandsprodukt je Erwerbstätigen in Tsd. US-$	9,6	9,4	6,8	5,5	9,5	9,9
	Exporte in alle Länder					
Erwerbstätige (in Tsd.)	8,5	9,0	11,9	14,4	6,4	5,8
davon (in vH):						
Männer	70,5	68,5	67,3	72,3	82,4	72,6
Frauen	29,5	31,5	32,7	27,7	17,6	27,4
Qualifizierte Arbeitskräfte[2]	56,1	56,0	45,4	.	57,7	42,8
An- und ungelernte Arbeiter[3]	43,8	44,0	54,6	.	42,4	57,2
Anlagevermögen je Erwerbstätigen in Tsd. US-$	22	21	14	13	27	22
Bruttoinlandsprodukt in Mill. US-$	81	84	76	80	58	55
Bruttoinlandsprodukt je Erwerbstätigen in Tsd. US-$	9,6	9,3	6,4	5,6	9,1	9,5

1) Zu Preisen von 1970, in der Warenstruktur von 1977.- 2) Leistungsgruppen 1 bis 5.- 3) Leistungsgruppen 6 und 7.
Quelle: Berechnungen des DIW.

So werden zur Herstellung von Exportgütern für Entwicklungsländer in Höhe von 100 Mill. $ (zu Preisen von 1970)[14] in Großbritannien mit 14 600 Personen die meisten Arbeitskräfte benötigt, gefolgt von Italien mit rund 11 100. In der Bundesrepublik und Frankreich sind es etwa 8 600 bis 8 900, in Belgien und den Niederlanden am wenigsten mit rund 6 000. Die Unterschiede erklären sich – soweit sie sich nicht aus abweichenden Güterstrukturen der Ausfuhren ergeben – aus den unterschiedlichen Importintensitäten und Arbeitsproduktivitäten. So führt die Produktion in den beiden kleinen EG-Ländern direkt und indirekt zu Vorleistungsimporten von 40 vH des Exportwertes; es verbleiben nur 60 vH als Beitrag zum Bruttoinlandsprodukt mit entsprechend geringem Beschäftigungseffekt. Dagegen werden in den großen EG-Ländern 75 bis 85 vH des Exportwertes im Inland erzeugt, am meisten in Frankreich. Der hohe Beschäftigungsbedarf

---

[14] Dies entspricht etwa 200 $ zu Preisen von 1977.

in Italien und noch mehr in Großbritannien entsteht vor allem aufgrund der geringen Arbeitsproduktivität: Das in der Exportproduktion erzeugte Inlandsprodukt beträgt in Großbritannien und Italien lediglich 5 500 bzw. 6 800 $ je Erwerbstätigen, in den anderen Ländern 9 500 bis 10 000 $. In der Größenordnung entspricht es dem durchschnittlichen Produkt je Erwerbstätigen im verarbeitenden Gewerbe der einzelnen EG-Länder.

Auch beim Kapitaleinsatz und bei der Aufteilung des Beschäftigungseffekts nach Qualifikationsstufen bzw. Geschlecht spiegeln die Ergebnisse für die Produktion von Exportgütern für Entwicklungsländer die gesamtwirtschaftlichen Unterschiede zwischen den EG-Ländern wider. So errechnet sich für die Exporte der Niederlande der höchste Kapitaleinsatz je Erwerbstätigen, gefolgt von Belgien, der Bundesrepublik und Frankreich mit etwa gleicher Kapitalintensität; in Italien und Großbritannien ist sie am niedrigsten.[15] Der Ausbildungsstand der benötigten Arbeitskräfte ist in den Niederlanden, der Bundesrepublik und Frankreich sehr hoch; hier liegt der Anteil der qualifizierten Arbeitskräfte am Beschäftigungseffekt der Exporte bei rund 60 vH, während er in Italien und Belgien nur etwa 45 vH erreicht[16]. Den geringsten Frauenanteil an der Beschäftigung weisen die Niederlande auf; er liegt hier bei 15 vH gegenüber einem Viertel und mehr in den anderen EG-Ländern. In der Tendenz ist das Gewicht der Frauen bei der Herstellung von Exportgütern für Entwicklungsländer aufgrund des geringeren Stellenwertes von Konsumgütern niedriger als im Durchschnitt des verarbeitenden Gewerbes.

Im Vergleich zwischen den EG-Ländern zeigt sich anhand der Wirkungen von Exporten in Entwicklungsländer auf Faktorbedarf und Produktion – wie auch anhand entsprechender Durchschnittswerte für das verarbeitende Gewerbe insgesamt (vgl. Tabelle A.1 im Anhang) –, daß das Bruttoinlandsprodukt und damit das im Inland verbleibende Einkommen je Erwerbstätigen tendenziell um so größer ist, je besser die eingesetzten Arbeitskräfte ausgebildet sind und je größer die Kapitalausstattung der Arbeitsplätze ist. Besonders deutlich wird dabei der weite Abstand Italiens und Großbritanniens von den übrigen untersuchten Ländern. Die im Hinblick auf den gezeigten Zusammenhang überdurchschnittlich hohe Kapitalintensität in den Niederlanden und der überdurchschnittlich große Anteil von an- und ungelernten Arbeitern in Belgien dürften sich aus dem spezifischen Faktorbedarf einzelner Wirtschaftszweige erklären, die Produktion und Export dieser Länder stark prägen (Chemie in den Niederlanden und Metallindustrie in Belgien).

Der Bedarf an Arbeitskräften in der Produktion für Exporte in Entwicklungsländer unterscheidet sich nur wenig von dem für die Exporte insgesamt. Da die Nachfrage der Dritten Welt auf den europäischen Märkten noch stärker auf Investitionsgüter und chemische Erzeugnisse und weniger auf Konsumgüter ausgerichtet ist als die Auslandsnachfrage insgesamt, führt sie tendenziell zu einem etwas größeren Bedarf an qualifizierten Arbeitskräften, etwas höherem Inlandsprodukt je Erwerbstätigen und einem größeren Anteil von männlichen Arbeitnehmern.

Weit stärkere Unterschiede zeigen sich, wenn man den Faktorbedarf in der Exportproduktion dem Faktorgehalt von Importen gegenüberstellt. Die Unterschiede sind um so größer, je mehr die Warenstrukturen der Exporte und Importe voneinander abweichen und je unterschiedlicher die sektoralen Produktionsfunktionen sind. In Tabelle 5 sind für den Industriewarenhandel sowohl mit Entwicklungsländern als auch insgesamt die Effekte von 100 Mill. $ Exporten als Vielfaches der Wirkungen einer inländischen Produktion von Importen gleicher Größe angegeben. Danach unterscheiden sich Exporte und Importe im Handel mit Entwicklungsländern einmal in der Gesamtzahl der benötigten Arbeitskräfte, zum anderen in der Struktur des Arbeitsinputs. Im Durchschnitt der EG-Länder liegt die Zahl der zur Produktion von Exportgütern benötigten Erwerbstätigen etwa 10 vH unter dem Beschäftigungseffekt von Importen derselben Höhe. In den Niederlanden ist der Abstand mit 16 vH am größten, in Großbritannien ist der Arbeitskräftebedarf auf beiden Seiten gleichhoch. Der Anteil von Frauen an den benötigten Arbeitskräften beträgt bei den Exporten im Durchschnitt nur etwa zwei Drittel des Frauenanteils bei den Importen. Die Produktion der Exportgüter weist auch einen deutlich niedrigeren Anteil von an- und ungelernten Arbeitern auf, benötigt also mehr Humankapital. Auch das Anlagevermögen je Erwerbstätigen und damit die Sachkapitalintensität ist im Handel mit Entwicklungsländern bei den Exporten größer als bei den Importen.[17] Das in der Exportproduktion erzeugte Inlandsprodukt liegt etwas, das Produkt je Erwerbstätigen deutlich über dem Wert auf der Importseite, am stärksten in den Niederlanden mit fast 30 vH, am wenigsten in Großbritannien.

---

[15] Es ist zu berücksichtigen, daß sich die hier verwendeten Kapitalkoeffizienten auf unterschiedliche Jahre beziehen. Die Rangfolge der EG-Länder entsprechend der Kapitalintensität bleibt davon aber unberührt.

[16] Für Großbritannien sind keine vergleichbaren Zahlen verfügbar.

[17] Außer in Belgien aufgrund der hohen Importe von Metallen aus Lateinamerika und den übrigen außereuropäischen Entwicklungsländern. Die Metallindustrie ist besonders kapitalintensiv.

Tabelle 5   Gegenüberstellung der Beschäftigungs- und Einkommenseffekte
            von Industriegüterexporten und -importen gleicher Höhe[1]
            - Effekt von Exporten als Vielfaches des Effekts von Importen -

	Bundesrepublik Deutschland	Frankreich	Italien	Vereinigtes Königreich	Niederlande	Belgien
	Handel mit Entwicklungsländern					
Erwerbstätige	0,92	0,88	0,91	1,00	0,84	0,94
Anteil von Frauen	0,60	0,73	0,58	0,68	0,59	0,79
Anteil von an- und ungelernten Arbeitern [2]	0,73	0,82	0,95	.	0,79	0,91
Anlagevermögen je Erwerbstätigen	1,13	1,13	1,23	1,18	1,22	1,00
Bruttoinlandsprodukt	1,05	1,01	1,03	1,04	1,07	1,05
Bruttoinlandsprodukt je Erwerbstätigen	1,15	1,16	1,12	1,04	1,27	1,12
	Handel mit allen Ländern					
Erwerbstätige	0,99	0,98	1,09	1,02	0,93	0,96
Anteil von Frauen	0,83	0,95	1,05	0,92	0,98	0,99
Anteil von an- und ungelernten Arbeitern [2]	0,90	0,99	1,01	.	0,96	1,02
Anlagevermögen je Erwerbstätigen	1,00	1,00	0,82	1,00	1,15	1,10
Bruttoinlandsprodukt	1,01	0,99	1,00	1,01	1,00	0,98
Bruttoinlandsprodukt je Erwerbstätigen	1,02	1,01	0,92	0,99	1,08	1,02

1) Zu Preisen von 1970, in der Warenstruktur von 1977.- 2) Leistungsgruppen 6 und 7.
Quelle: Berechnungen des DIW.

Die beschriebenen Unterschiede der Produktionscharakteristika von Exporten und Importen im Handel mit Entwicklungsländern finden sich grundsätzlich im Warenaustausch mit allen Ländergruppen der Dritten Welt (vgl. die Tabellen A.3 bis A.8 im Anhang). Sie sind im allgemeinen besonders ausgeprägt im Handel mit Südostasien, während sie im Handel mit den drei Beitrittskandidaten (Spanien, Griechenland, Portugal) relativ gering sind. In derselben Richtung wie im Handel mit den Entwicklungsländern unterscheidet sich der Faktorgehalt von Exporten und Importen im Warenaustausch mit der VR China und den RGW-Ländern, im Falle Chinas noch weit stärker als im Durchschnitt der Dritten Welt, im Falle der RGW-Länder dagegen weniger. Der Faktorgehalt von Ex- und Importen im Handel mit den westlichen Industrieländern weist im allgemeinen die geringsten Unterschiede auf, insbesondere im Warenaustausch mit den Gemeinschaftsländern. Im Falle Italiens zeigen sich aber auch hier beträchtliche Abweichungen zwischen den Produktionscharakteristika von Exporten und Importen, allerdings in umgekehrter Richtung: Im Handel mit den westlichen Industrieländern weisen die Exporte Italiens einen deutlich höheren Arbeitskräftebedarf bei einem größeren Anteil von Frauen und unqualifizierten Arbeitskräften sowie eine niedrigere Kapitalintensität als die Importe auf.

Im Vergleich zu einer verstärkten Arbeitsteilung mit anderen Industrieländern, die im allgemeinen nur zu geringen Verschiebungen im Arbeitskräftebedarf führt, sind die Veränderungen bei einer Ausdehnung des Industriewarenhandels mit Entwicklungsländern beträchtlich. Dabei fällt weniger der negative Nettoeffekt auf die Gesamtbeschäftigung ins Gewicht, als vielmehr die Konzentration der Freisetzungseffekte auf ohnehin benachteiligte Gruppen von Beschäftigten: Wird heimische Produktion durch Importe aus der Dritten Welt ersetzt und wird statt dessen in gleichem Umfang für Exporte produziert, dann werden – entsprechend ihren derzeitigen Anteilen in den verschiedenen Wirtschaftszweigen – per Saldo Frauen freigesetzt und Männer verstärkt nachgefragt.[18] Die Freisetzungen betreffen zudem lediglich die unteren Leistungsgruppen, während in den oberen Leistungsgruppen vermehrt Arbeitskräfte erforderlich sind. Der durch Ausweitung der Arbeitsteilung mit Entwicklungsländern bedingte Strukturwandel verlangt demnach eine verstärkte Ausbildung von Frauen in sogenannten Männerberufen und eine Höherqualifizierung der Ar-

---

[18] Lediglich in den Niederlanden werden auch Männer netto freigesetzt, allerdings in weit geringerem Umfang als Frauen. Vgl. zu den saldierten Effekten gleichgroßer Exporte und Importe auch die Tabellen A.21 bis A.26 im Anhang.

beitskräfte. Bei einer gleichgroßen Handelsausweitung ist die resultierende Umstrukturierung – gemessen an der Zahl der betroffenen Erwerbstätigen – im Hinblick auf die Männer-Frauen-Relation in Großbritannien und Italien am größten, im Hinblick auf die Qualifikation in der Bundesrepublik und Italien. In den Niederlanden und Belgien ist sie unter beiden Gesichtspunkten am kleinsten.

Im folgenden werden die Veränderungen in der sektoralen Struktur näher untersucht, die hinter den aufgezeigten Effekten auf gesamtwirtschaftlicher Ebene stehen.

5. Veränderungen der sektoralen Beschäftigungsstruktur durch Arbeitsteilung mit Entwicklungsländern

Legt man wiederum die Warenstruktur des Industriegüterhandels im Jahre 1977 zugrunde, dann entfallen 80 vH und mehr der für die Produktion von Exportgütern direkt und indirekt benötigten Arbeitskräfte auf das verarbeitende Gewerbe, 10–15 vH auf den Dienstleistungsbereich (vgl. Tabellen A.9 bis A.14 im Anhang). Im Verarbeitungsbereich profitiert von den Ausfuhren in Entwicklungsländer der Maschinenbau am stärksten (außer in Belgien). Danach folgen in den vier großen Ländern die Metallindustrie, die Metallgüterproduktion und die Elektroindustrie, in Großbritannien und der Bundesrepublik außerdem die Kraftfahrzeugherstellung, in Italien und Frankreich die Textil- und Bekleidungsindustrie. In den Niederlanden erhalten nach dem Maschinenbau die Elektroindustrie, der Fahrzeugbau (außer Kfz), die Chemie sowie die Textilindustrie die stärksten Beschäftigungsimpulse durch Lieferungen in die Dritte Welt. Demgegenüber liegen die größten Beschäftigungswirkungen der belgischen Exporte in die Entwicklungsländer bei der Herstellung mineralischer Produkte sowie in der Textil- und Bekleidungsindustrie noch vor dem Maschinenbau, danach folgen die Herstellung von Metallgütern und von Metallen. Die fünf am meisten profitierenden Branchen vereinigen in allen Fällen mehr als die Hälfte des gesamten Beschäftigungseffekts oder 70 vH und mehr des Beschäftigungseffekts im verarbeitenden Gewerbe auf sich.

Auch von den infolge von Importen nicht benötigten Arbeitsplätzen entfallen entsprechend den Modellrechnungen gut 80 vH auf das verarbeitende Gewerbe (vgl. Tabellen A.15 bis A.20 im Anhang). Weitaus am stärksten ist dort die Textil- und Bekleidungsindustrie von der Konkurrenz aus Entwicklungsländern betroffen. Es folgen in den vier großen Ländern die Metallindustrie und die Holzindustrie, darüber hinaus die Leder- und die Elektroindustrie in der Bundesrepublik und Italien, der Kraftfahrzeugbau und die Metallgüterindustrie in Frankreich sowie der Maschinenbau und die Metallgüterindustrie in Großbritannien. In den Niederlanden sind nach dem Textil- und Bekleidungsbereich die meisten Arbeitsplätze in der Holzindustrie, der Elektrotechnik, der Herstellung mineralischer Produkte sowie der Lederindustrie durch Importe aus Entwicklungsländern bedroht. In Belgien konzentrieren sich die Arbeitsplatzverluste auf die Textilindustrie, die Herstellung mineralischer Produkte und die Metallindustrie.

Stellt man die Effekte von gleichhohen Importen und Exporten einander gegenüber, dann werden die Verschiebungen in der sektoralen Beschäftigung deutlich, die aus verstärkter internationaler Arbeitsteilung entsprechend der Warenstruktur von 1977 resultieren (für den Handel mit den einzelnen Ländergruppen vgl. dazu die Tabellen A.21 bis A.26 im Anhang). Danach heben sich die Beschäftigungswirkungen außerhalb des verarbeitenden Gewerbes nahezu vollständig, in den einzelnen Verarbeitungssektoren teilweise auf. Ein im Handel mit Entwicklungsländern besonders großer Teil der zur Exportproduktion notwendigen Arbeitsplätze liegt allerdings in anderen Wirtschaftszweigen als denjenigen, in denen sie aufgrund der Importe überflüssig werden. Der durch verstärkten Warenaustausch mit der Dritten Welt induzierte Strukturwandel ist im wesentlichen durch eine Verlagerung des Arbeitskräftebedarfs aus dem Konsumgüter- in den Investitionsgüterbereich charakterisiert (vgl. Tabelle 6). Die Freisetzungseffekte konzentrieren sich zur Hälfte bis zu drei Vierteln auf die Textil- und Bekleidungsindustrie. Von den hier unterschiedenen Konsumgütersektoren sind lediglich die Gummi- und Kunststoffwarenindustrie sowie die Papier- und Druckindustrie nicht von Beschäftigungsverlusten betroffen oder können sogar einen Beschäftigungszuwachs erzielen; in Italien gilt dies auch für die Herstellung Sonstiger verarbeiteter Waren. Dagegen erhöht sich im Investitionsgüterbereich in allen Sektoren die Beschäftigung. Dies gilt am stärksten für den Maschinenbau, auf den zwischen einem Viertel und der Hälfte aller Beschäftigungszuwächse entfallen. Die Beschäftigungswirkungen im Grundstoffbereich sind unterschiedlich und in der Regel weitaus geringer: In der Chemie führt verstärkte Arbeitsteilung mit Entwicklungsländern zu einem Beschäftigungszuwachs; in Großbritannien gilt dies auch für die Metallindustrie, in Italien vor allem für die Herstellung mineralischer Produkte. Die Metallindustrie in Italien und Frankreich sowie die Herstellung mineralischer Erzeugnisse in den Niederlanden und Großbritannien verlieren dagegen Arbeitsplätze. In Belgien trifft dies für beide Industrien zu, so daß sich hier auch im Grundstoffbereich ein relativ hoher Beschäftigungsverlust ergibt.

Tabelle 6 Saldierte Beschäftigungseffekte nach Wirtschaftszweigen bei einer
Ausweitung der Exporte und Importe um jeweils 100 Mill. US-$[1] im
Industriegüterhandel mit Entwicklungsländern
- in Erwerbstätigen -

Wirtschaftszweig		Bundesrepublik Deutschland	Frankreich	Italien	Vereinigtes Königreich	Niederlande	Belgien
1	LANDW	- 77	- 345	- 106	- 14	- 20	- 16
2	BERGB.EN	18	- 4	12	25	10	- 22
3-18	VERARB	- 728	- 899	- 951	- 121	-1 005	- 319
3- 5	GRUNDST	212	- 18	164	213	156	- 332
3	ERZE.MET	79	- 123	- 154	161	70	- 406
4	BAUST	- 38	- 47	289	- 147	- 235	- 119
5	CHEM	171	152	29	199	321	192
6-11	INVGUET	2 869	2 177	3 304	4 501	2 117	1 343
6	METGUET	265	524	1 001	562	132	305
7	MB	1 722	894	1 597	1 866	703	618
8	BM,FEINM	57	41	71	- 67	224	104
9	ELT	241	327	273	417	366	239
10	KFZ	476	120	265	1 329	84	78
11	S.FZ	108	272	97	394	607	0
12	NG	0	- 4	- 4	- 7	- 4	0
13-18	KONGUET	-3 810	-3 054	-4 415	-4 827	-3 274	-1 329
13	TEX,BEKL	-3 213	-2 026	-3 202	-3 580	-2 187	-1 034
14	LEDER	- 372	- 346	- 737	- 488	- 280	- 98
15	HOLZ	- 292	- 688	- 951	- 679	- 920	- 236
16	PAPDRUCK	2	- 58	- 35	41	26	13
17	GUMPLAST	169	170	263	130	242	93
18	S.VERARB	- 104	- 104	248	- 251	- 155	- 48
19	BAUTEN	5	7	14	53	30	- 5
20-24	DIENSTL	8	- 36	- 8	19	- 188	- 8
20	HANDEL	8	- 88	- 86	2	- 142	- 22
21	VERKNACH	- 4	2	69	- 7	- 19	- 37
22	KREDVERS	0	- 1	- 6	24[2]	1	- 0
23	SMDIENST	4	50	15	0	- 26	51
24	NMDIENST	0	0	0	0	- 1	0
1-24	INSGES.	- 775	-1 276	-1 040	- 39	-1 172	- 369

1) Zu Preisen von 1970, in der Warenstruktur von 1977.- 2) Einschl. Sektor 23.
Quelle: Berechnungen des DIW.

Bei der angenommenen gleichgewichtigen Ausweitung des Handels mit Entwicklungsländern sind die positiven Beschäftigungseffekte auf mehr Sektoren verteilt als die negativen Wirkungen. Zudem sind – da der Investitionsgüterbereich in den EG-Ländern im allgemeinen größer ist als der Konsumgüterbereich – die Veränderungen in den negativ betroffenen Wirtschaftszweigen spürbarer als in den begünstigten. So ist in Relation zur sektoralen Gesamtbeschäftigung der (negative) Nettoeffekt im Konsumgüterbereich in der Bundesrepublik, Frankreich, Großbritannien und den Niederlanden doppelt so groß wie der (positive) Effekt im Investitionsgüterbereich. Dagegen ist er etwa gleich groß in Italien und Belgien, wo die Konsumgüterindustrie die Bedeutung der Investitionsgüterindustrie erreicht oder sogar übertrifft.

Auch im Handel mit den westlichen Industrieländern führt eine gleichgroße Erhöhung von Importen und Exporten in der Bundesrepublik, Großbritannien und Frankreich zu einem Mehrbedarf an Arbeitskräften im Investitionsgüterbereich und einem verringerten Bedarf im Konsumgüterbereich. Dagegen verzeichnet in diesem Fall in Italien der Konsumgüterbereich einen Beschäftigungsgewinn, der den im Investitionsgüterbereich übersteigt und einem Minderbedarf an Arbeitsplätzen im Grundstoffbereich gegenübersteht. In den Niederlanden und Belgien hingegen ergibt sich aus dem Handel mit anderen Industrieländern im Konsum- und Investitionsgüterbereich per Saldo ein Beschäftigungsverlust, während im Grundstoffbereich mehr Arbeitsplätze für Exporte benötigt als durch Importe überflüssig werden (Chemie in den Niederlanden, Metallindustrie in Belgien).

Der Umfang des ausgelösten Strukturwandels läßt sich durch die Summe der sektoralen Nettogewinne an Beschäftigung einerseits und der sektoralen Nettoverluste andererseits charakterisieren. Die dem Betrage nach kleinere der beiden Summen gibt die Zahl der infolge von Importen nicht mehr benötigten Arbeitskräfte an, die – rein rechnerisch und bei isolierter Betrachtung des Handels mit der jeweiligen Ländergruppe – den Wirtschaftszweig „wechseln" müssen, um in der Exportproduktion eine Anstellung zu finden. Ihre Höhe hängt vom Ausmaß der intrasektoralen Arbeitsteilung, von den Arbeitsproduktivitäten und von den Importintensitäten der untersuchten Länder ab. Je mehr intrasektorale Arbeitsteilung stattfindet, je höher die Arbeitsproduktivität und je höher die Importintensitäten der Volkswirtschaft sind, desto geringer fallen die Veränderungen des sektoralen Beschäftigungsmusters aus. Für Importe und Exporte von jeweils 100 Mill. $ im Handel mit verschiedenen Ländergruppen sind die Maßzahlen in Tabelle 7 zusammengestellt.

Danach müssen bei einer gleichgroßen Ausweitung des Warenaustauschs mit den Entwicklungsländern in Großbritannien und Italien die meisten Arbeitskräfte den Wirtschaftszweig wechseln – gefolgt von der Bundesrepublik, den Niederlanden und Frankreich auf jeweils etwa gleichem Niveau – und in Belgien die wenigsten. Dabei gehen die geringsten sektoralen Verschiebungen von einer verstärkten Arbeitsteilung mit den EG-Beitrittskandidaten aus, die größten in der Regel vom Handel mit der Gruppe der übrigen außereuropäischen Entwicklungsländer. Weit geringer als im Handel mit Entwicklungsländern wirkt eine gleichgroße Ausweitung des Warenaustauschs mit Industrieländern auf die Struktur der Beschäftigung in den EG-Ländern. Dies ergibt sich aus der starken intrasektoralen Arbeitsteilung. Die hierfür errechneten Sektorverschiebungen sind nur ein Viertel bis halb so hoch: Bei verstärkter Arbeitsteilung mit der Dritten Welt liegen – bei dem hier zugrundeliegenden Disaggregationsniveau – 30 bis 40 vH der Arbeitsplätze für die Exportproduktion in anderen Wirtschaftszweigen als denen, in denen sie infolge der Importe überflüssig werden. Im Handel mit den anderen westlichen Industrieländern außerhalb der EG sind es weniger als 20 vH und innerhalb der EG sogar nur 10 vH. Lediglich für Italien ergeben sich auch im Industrieländerhandel größere Sektorverschiebungen.

Tabelle 7 Ausmaß der sektoralen Strukturverschiebung bei gleichgroßer Ausweitung der Exporte und Importe im Industriegüterhandel mit verschiedenen Ländergruppen

Ländergruppen	Bundesrepublik Deutschland	Frankreich	Italien	Vereinigtes Königreich	Niederlande	Belgien
	Strukturveränderung[1]) bei einer Erhöhung der Exporte und Importe um jeweils 100 Mill.US-$[2)3)] - in Tsd. Personen -					
Alle Entwicklungsländer	3,3	2,6	4,2	5,2	2,8	1,7
Europäische Entwicklungsländer	2,5	1,4	3,3	4,6	2,2	1,6
Spanien, Griechenland, Portugal	2,1	1,2	2,9	4,1	2,0	1,4
Jugoslawien, Türkei	3,2	2,6	4,8	6,5	3,2	2,5
Außereuropäische Entwicklungsländer (ohne OPEC)	3,4	3,5	4,7	5,6	2,8	2,1
Mittelmeerländer	4,0	4,1	5,0	4,4	2,8	1,4
Lateinamerika	3,6	3,7	5,8	5,4	2,4	2,9
Südostasien	3,6	2,9	3,9	6,3	2,9	2,5
Übrige Entwicklungsländer	4,2	4,6	6,3	6,7	3,6	1,8
OPEC-Länder	4,3	5,0	5,8	3,1	3,3	1,5
Westliche Industrieländer (ohne EG)	1,5	1,6	2,4	2,0	1,1	1,0
EG-Länder	0,7	0,7	1,8	0,7	0,8	0,6
	Strukturveränderung[1)] bei einer Erhöhung der Exporte und Importe um den Betrag der Importe im Jahre 1977[3)4)] - in vH der Gesamtbeschäftigung -					
Alle Entwicklungsländer	0,5 (-0,1)	0,3 (-0,1)	0,3 (-0,1)	0,5 (-0,0)	0,6 (-0,2)	0,4 (-0,1)
Westliche Industrieländer (ohne EG)	0,5 (0,0)	0,4 (-0,0)	0,3 (0,2)	0,7 (0,1)	0,6 (-0,5)	0,5 (-0,1)
EG-Länder	0,5 (-0,0)	0,4 (0,1)	0,7 (0,7)	0,3 (0,1)	1,6 (-0,6)	1,6 (-0,5)

1) Gemessen an der Zahl der Erwerbstätigen, die den Wirtschaftszweig wechseln müssen.- 2) Zu Preisen von 1970.- 3) In der Warenstruktur von 1977.- 4) In Klammern: Nettoeffekt auf die Gesamtbeschäftigung.
Quelle: Berechnungen des DIW.

Berücksichtigt man auch das Gewicht der Entwicklungsländer im Außenhandel der EG-Länder, erscheinen die Strukturwirkungen der Arbeitsteilung mit ihnen allerdings in anderem Lichte. Geht man z. B. von einer Verdoppelung der Industriewarenimporte gegenüber 1977 aus und stellt ihnen gleichgroße Exporte – ebenfalls in der Warenstruktur von 1977 – gegenüber, errechnen sich für den Handel mit den westlichen Industrieländern außerhalb der EG und mit den EG-Ländern jeweils genauso große (oder noch größere) sektorale Strukturverschiebungen wie für den Handel mit der Dritten Welt. Die Zahl der Erwerbstätigen, die bei der angenommenen Verdoppelung des Warenaustauschs mit den Entwicklungsländern den Wirtschaftszweig wechseln müßten, entspricht etwa einem halben vH der Gesamtbeschäftigung bzw. 1,5 bis 2,5 vH der Erwerbstätigen im verarbeitenden Gewerbe, in dem sich die Strukturverschiebungen im wesentlichen abspielen würden.

6. Beschäftigungswirkungen der Ausweitung des Handels mit Entwicklungsländern 1970-1977

Um die Strukturwirkungen besonders deutlich darzustellen, wurde oben jeweils von gleichgroßen Importen und Exporten ausgegangen. Im folgenden soll eine Vorstellung davon vermittelt werden, in welchem Maße die tatsächliche Zunahme der Importe und Exporte im Handel mit den verschiedenen Ländergruppen zwischen 1970 und 1977 Niveau und sektorale Struktur der Beschäftigung in den EG-Ländern beeinflußt hat. Dazu wurde einmal die Zahl der Arbeitskräfte ermittelt, die 1977 direkt und indirekt (zusätzlich) infolge der Zunahme der Exporte gegenüber 1970 benötigt wurden. Zum anderen wurde bestimmt, wieviele Arbeitskräfte 1977 nicht (mehr) erforderlich waren aufgrund des Anstiegs der Importe im selben Zeitraum. Die Ergebnisse dieser Modellrechnungen bedeuten nicht, daß im vollen angegebenen Umfang Arbeitsplätze geschaffen bzw. vernichtet wurden, sie geben aber eine Vorstellung von Richtung und Ausmaß des positiven Einflusses der Exporte bzw. des negativen Einflusses der Importe auf die Beschäftigung.[19]

Danach machten die infolge des Anstiegs der Industriegüter i m p o r t e aus Entwicklungsländern nicht (mehr) benötigten Arbeitskräfte in allen untersuchten EG-Ländern weniger als 1 vH der Gesamtbeschäftigung im Jahre 1977 aus. Gesamtwirtschaftlich fällt der Beschäftigungsverlust durch Einfuhren aus der Dritten Welt mithin kaum ins Gewicht, noch am stärksten in den Niederlanden und am wenigsten in Italien. In der Textil-, Bekleidungs- und Lederindustrie zusammen – in diesem Bereich wirkte sich die Konkurrenz aus der Dritten Welt am spürbarsten aus – ergab sich in den Niederlanden durch die vermehrten Importe aus Entwicklungsländern ein Verlust an Arbeitsplätzen in Höhe von fast einem Viertel der Beschäftigtenzahl von 1977; in der Bundesrepublik waren es immerhin 12 vH, in Belgien, Großbritannien und Frankreich rund 6 vH, in Italien weniger als 2 vH.

Diese Effekte sind vor dem Hintergrund der im allgemeinen sehr schlechten Entwicklung der Beschäftigungslage insgesamt zu sehen. So ging zwischen 1970 und 1977 die Zahl der Erwerbstätigen im verarbeitenden Gewerbe in den Niederlanden, der Bundesrepublik, Belgien und Großbritannien kräftig zurück (sie lag 1970 noch um 14 bis 19 vH über dem Stand im Jahre 1977), in Italien und Frankreich stieg sie leicht an. Während der gleichzeitige Zuwachs an Arbeitsplätzen im Dienstleistungsbereich den Beschäftigungsabbau in der Industrie in Belgien und Großbritannien mehr als ausglich, war in den Niederlanden und noch mehr in der Bundesrepublik auch die Gesamtbeschäftigung rückläufig.

Um den Einfluß der Außenhandelsströme auf die Beschäftigungsentwicklung beurteilen zu können, wurden die sektoralen Beschäftigungsveränderungen mit Hilfe von Identitätsgleichungen in Komponenten zerlegt. So wird die gesamte Veränderung zunächst danach aufgeteilt, ob sie sich aus der Veränderung der Produktion ergibt[20] oder von Änderungen der Produktionstechnik – im wesentlichen der Arbeitsproduktivität – herrührt[21]. Die Veränderung der Produktion wiederum läßt sich mit dem Input-Output-Modell auf Veränderungen der inländischen Endnachfrage, der Exporte und der Importe zurückführen. Ausgewählte Ergebnisse der Berechnungen sind in Tabelle 8 zusammengestellt[22].

---

[19] Haben die Importe bei einer Gütergruppe im gewählten Zeitraum abgenommen, wird dies entsprechend den Annahmen des Modells als nachlassender Konkurrenzdruck aus dem Ausland interpretiert. Daraus ergibt sich in der hier durchgeführten Rechnung ein positiver Beschäftigungseffekt. Dies fällt jedoch lediglich bei den Metalleinfuhren ins Gewicht.

[20] Auf der Ebene der einzelnen Wirtschaftszweige errechnet als Veränderung der sektoralen Bruttoproduktion multipliziert mit den sektoralen Arbeitskoeffizienten von 1977.

[21] Errechnet als Differenz zwischen der gesamten Beschäftigungsveränderung und dem der Produktionsveränderung zugerechneten Teil.

[22] Die Methode der Komponentenzerlegung wird häufig angewandt, weil die Rechnungen relativ einfach und schnell durchzuführen sind. Sie ist allerdings nicht unproblematisch, da die verwendeten Identitätsgleichungen willkürlich sind und Unabhängigkeit der einzelnen Komponenten unterstellt wird. Zur Kritik des Ansatzes vgl. J. P. Martin/J. M. Evans: Notes on Measuring the Employment Displacement Effects of Trade by the Accounting Procedure, in: Oxford Economic Papers, Bd. 33, Nr. 1 (März 1981), S. 154-164. Sie trifft grundsätzlich auch auf die hier durchgeführte Zerlegung zu, obwohl hier neben den direkten auch die über die Vorleistungsverflechtung induzierten Wirkungen berücksichtigt werden. Besonders problematisch erscheint die Vernachlässigung des Zusammenhangs zwischen Produktivitätsanstieg und Im-

Tabelle 8   Komponenten der Beschäftigungsveränderung 1970-1977
- in vH der jeweiligen Beschäftigung 1977[1] -

	Bundesrepublik Deutschland	Frankreich	Italien	Vereinigtes Königreich	Niederlande	Belgien
Gesamtwirtschaft (Sektoren 1-24)						
Gesamte Veränderung	- 6,3 (-1575)	2,7 (589)	2,6 (528)	0,4 (92)	- 0,7 (-34)	1,4 (54)
Veränderung durch:						
Veränderung der Produktionstechnik	-21,4	-19,7	-12,9	-13,4	-19,1	-18,1
Veränderung der inländischen Produktion	15,1	22,4	15,5	13,8	18,4	19,5
Veränderung der Industriegüterimporte	- 3,8	- 4,0	- 1,7	- 5,4	- 6,1	- 8,7
dar.: aus Entwicklungsländern	- 0,8	- 0,6	- 0,3	- 0,5	- 0,9	- 0,6
Veränderung der Industriegüterexporte	5,5	4,2	5,2	4,3	6,4	7,5
dar.: in Entwicklungsländer	1,9	1,6	1,9	1,8	1,4	1,7
Verarbeitendes Gewerbe (Sektoren 3-18)						
Gesamte Veränderung	-15,0 (-1268)	1,2 (65)	2,9 (163)	-13,7 (-961)	-18,8 (-189)	-14,8 (-145)
Veränderung durch:						
Veränderung der Produktionstechnik	-27,6	-25,6	-18,2	-18,7	-33,9	-35,5
Veränderung der inländischen Produktion	12,6	26,7	21,1	4,9	15,1	20,7
Veränderung der Industriegüterimporte	- 9,1	-12,4	- 5,0	-15,5	-24,4	-28,2
dar.: aus Entwicklungsländern	- 1,9	- 1,9	- 0,9	- 1,7	- 3,7	- 2,0
Veränderung der Industriegüterexporte	12,9	13,0	15,9	12,0	24,9	24,3
dar.: in Entwicklungsländer	4,4	4,9	5,8	5,3	5,7	5,4
Textil-, Bekleidungs- und Lederindustrie (Sektoren 13+14)						
Gesamte Veränderung	-51,7 (-421)	-20,4 (-151)	- 7,7 (-111)	-24,6 (-230)	-95,2 (-79)	-42,6 (-66)
Veränderung durch:						
Veränderung der Produktionstechnik	-40,5	-33,1	-25,4	-28,1	-50,8	-35,8
Veränderung der inländischen Produktion	-11,3	12,7	17,6	3,5	-44,3	- 6,8
Veränderung der Industriegüterimporte	-23,9	-21,1	- 5,6	-15,5	-57,0	-43,2
dar.: aus Entwicklungsländern	-11,9	- 5,5	- 1,7	- 5,8	-23,1	- 6,6
Veränderung der Industriegüterexporte	15,8	13,2	17,1	7,6	25,5	35,5
dar.: in Entwicklungsländer	3,5	2,3	2,4	2,6	4,5	7,5

1) In Klammern: in Tsd. Erwerbstätigen. Zur Berechnungsmethode vgl. Text.
Quelle: Berechnungen des DIW.

Danach war der aus dem Anstieg der Arbeitsproduktivität resultierende negative Effekt auf die Beschäftigung in Italien und Großbritannien aufgrund der niedrigen Produktivitätsfortschritte in diesen beiden Ländern weitaus am geringsten. Besonders stark wirkten sich Produktivitätsfortschritte auf die Beschäftigung im verarbeitenden Gewerbe aus, am stärksten in den Niederlanden und Belgien. Die negative Wirkung des technischen Fortschritts auf die Beschäftigung war in Frankreich, der Bundesrepublik und Italien im verarbeitenden Gewerbe zwei- bis dreimal so groß wie die Wirkung, die dem Anstieg der gesamten Industriewarenimporte zugerechnet werden kann. Auch in den Niederlanden und Belgien überstieg der Beschäftigungseffekt des Produktivitätszuwachses den der Gesamtimporte noch beträchtlich, in Großbritannien dagegen nur wenig.

Gerade in Großbritannien spielten die Mehrlieferungen aus Entwicklungsländern in Relation zum gesamten Importanstieg allerdings die geringste Rolle, so daß auch hier der Beschäftigungseffekt der Importe aus der Dritten Welt nur einen Bruchteil der Freisetzungen infolge des Anstiegs der Arbeitsproduktivität ausmachte. Auf jeden durch Konkurrenz der Entwicklungsländer bedrohten Arbeitsplatz kam zwischen 1970 und 1977 die folgende Zahl von Arbeitsplätzen, die durch Produktivitätszuwachs eingespart wurden:

---

portkonkurrenz. Vorliegende empirische Untersuchungen zu der Frage, inwieweit Importe eine Zunahme der inländischen Produktivität verursachen, kommen allerdings zu unterschiedlichen Ergebnissen. Zu einer besseren Beurteilung dieser Zusammenhänge wäre eine umfassendere und international vergleichende Analyse notwendig. Sie hätte auch zu berücksichtigen, daß ein von Importen bewirkter Produktivitätsanstieg wahrscheinlich eher mit Verzögerung als zeitgleich auftreten dürfte.

	Gesamt-wirtschaft	Verarbeitendes Gewerbe	Textil-, Bekleidungs- und Lederindustrie
Bundesrepublik Deutschland	28	14	3
Frankreich	32	13	6
Italien	44	20	15
Vereinigtes Königreich	24	11	5
Niederlande	20	9	2
Belgien	32	18	5

Auch in den am stärksten durch den Konkurrenzdruck der Entwicklungsländer bedrohten Wirtschaftszweigen lag der Freisetzungseffekt aus den Mehrlieferungen der Dritten Welt im betrachteten Zeitraum unter dem Beschäftigungsabbau durch technischen Fortschritt. Dies gilt auch im Textil-, Bekleidungs- und Lederbereich. Hier ging die Zahl der Erwerbstätigen in den siebziger Jahren besonders stark zurück, vor allem in den Niederlanden – dort halbierte sie sich von 1970 bis 1977 –, in der Bundesrepublik und Belgien. Dabei spielten mit Ausnahme Italiens auch Importe eine wichtige Rolle, Lieferungen der Entwicklungsländer allerdings eine geringere als Einfuhren aus den anderen Ländern. Immerhin läßt sich in den Niederlanden und der Bundesrepublik dem Absatzzuwachs der Dritten Welt eine Einsparung an Arbeitskräften im Textil-, Bekleidungs- und Lederbereich zurechnen, die die Hälfte bzw. ein Drittel der Arbeitsplatzvernichtung durch Produktivitätsfortschritte erreichte. Freilich muß angenommen werden, daß der besonders hohe Konkurrenzdruck in diesen Wirtschaftszweigen nicht unbeträchtliche Produktivitätsfortschritte provoziert.

Auf der anderen Seite machten die durch Zunahme der E x p o r t e in Entwicklungsländer gesicherten Arbeitsplätze in den EG-Ländern 1,4 bis 2 vH der Gesamtbeschäftigung des Jahres 1977 aus, im verarbeitenden Gewerbe waren es 4 bis 6 vH aller Arbeitsplätze. Auf Mehrlieferungen in die Dritte Welt entfiel in Großbritannien fast die Hälfte der gegenüber 1970 insgesamt für Exporte zusätzlich benötigten Erwerbstätigen, in der Bundesrepublik, Frankreich und Italien etwa ein Drittel, in den Niederlanden und Belgien noch mehr als ein Fünftel. Besonders stark stützte die zusätzliche Nachfrage der Entwicklungsländer die Beschäftigung im Maschinenbau (mit 9 bis 14 vH der Erwerbstätigen 1977), in den vier großen Ländern fast in gleichem Maße auch in der Metallindustrie.[23]

So ergab sich auch per Saldo aus der Ausweitung des Industriewarenhandels mit den Entwicklungsländern zwischen 1970 und 1977 in allen untersuchten EG-Ländern ein positiver Effekt auf die Gesamtbeschäftigung. Im verarbeitenden Gewerbe kamen in diesem Zeitraum auf jeden durch zusätzliche Importe aus der Dritten Welt eingesparten Arbeitsplatz im Durchschnitt 2 bis 3 für zusätzliche Exporte benötigte Arbeitsplätze, am wenigsten in den Niederlanden mit unter 2 und am meisten in Italien mit 6. Auch in den meisten der hier abgegrenzten Wirtschaftszweige war der positive Effekt der Exportzunahme größer als die negative Wirkung des Importanstiegs. Lediglich in der Textil- und Bekleidungsindustrie (außer in Italien und Belgien), in der Lederindustrie sowie in einigen EG-Ländern in der Holzwarenindustrie und der Sonstigen verarbeitenden Industrie war auch der Nettoeffekt auf die Beschäftigung negativ. Der negative Beschäftigungseffekt, der sich im Textil-, Bekleidungs- und Lederbereich per Saldo der Ausdehnung des Handels mit Entwicklungsländern zwischen 1970 und 1977 zurechnen läßt, entspricht in den Niederlanden fast 20 vH der Erwerbstätigenzahl des Sektors im Jahre 1977, in der Bundesrepublik fast 10 vH, in Frankreich und Großbritannien rund 3 vH.

Der positive Nettoeffekt der Ausweitung des Industriewarenhandels mit den Entwicklungsländern zwischen 1970 und 1977 auf die Gesamtbeschäftigung geht im wesentlichen auf die verstärkten Lieferungen in die OPEC-Länder zurück (vgl. Tabelle 9). Besonders gewichtig waren die zusätzlichen Käufe der Erdölländer für den Arbeitsmarkt in Großbritannien, Italien und der Bundesrepublik. Gegenüber den anderen Gruppen von Entwicklungsländern verlief die Entwicklung unterschiedlich: Während in den Niederlanden, der Bundesrepublik und Großbritannien die Wirkung der Handelsausweitung mit den Nichterdöl-Entwicklungsländern insgesamt auf die Beschäftigung negativ war, war sie in Italien, Belgien und Frankreich positiv. Einen negativen Beschäftigungseffekt hatte per Saldo in allen EG-Ländern die Ausweitung des Han-

---

[23] Insgesamt arbeiteten 1977 – direkt und indirekt – für Exporte in Entwicklungsländer im Maschinenbau 20–30 vH der Erwerbstätigen, in der Metallindustrie der vier großen Länder 20–25 vH.

Tabelle 9   Beschäftigungseffekte der Ausweitung des Industriegüterhandels mit verschiedenen Ländergruppen 1970-1977

Ländergruppen	Bundesrepublik Deutschland	Frankreich	Italien	Vereinigtes Königreich	Niederlande	Belgien
	in Tsd. Erwerbstätigen					
Alle Entwicklungsländer						
Mehrbedarf durch Exportanstieg	467,2	335,4	389,3	455,8	66,4	62,5
Minderbedarf durch Importanstieg	193,0	132,0	59,8	137,4	43,4	21,4
Nettoeffekt	274,2	203,4	329,5	318,4	23,0	41,1
davon: Europäische Entwicklungsländer	13,4	- 16,8	23,5	10,4	4,4	- 0,2
Außereurop.Entw.länder (ohne OPEC)	- 37,1	71,2	38,5	- 34,4	- 12,6	10,9
dar.: Südostasien	- 64,0	- 19,0	- 9,3	- 57,9	- 19,2	- 3,5
OPEC-Länder	297,9	149,0	267,5	342,3	31,2	30,4
Strukturveränderung[1]	68,9	26,4	3,4	30,6	21,4	2,5
Westliche Industrieländer (ohne EG)						
Nettoeffekt	- 17,4	- 41,2	61,4	-288,3	- 18,0	- 10,6
Strukturveränderung[1]	32,9	8,7	11,5	8,0	6,7	3,8
EG-Länder						
Nettoeffekt	69,3	-128,1	308,4	-266,4	4,8	- 74,9
Strukturveränderung[1]	17,4	10,6	17,9	0,1	31,9	2,4
Alle Länder						
Nettoeffekt	425,3	46,2	724,0	-286,8	10,0	- 44,5
Strukturveränderung[1]	74,2	113,1	9,3	35,4	62,3	10,7
	in vH der Gesamtbeschäftigung					
Alle Entwicklungsländer						
Nettoeffekt	1,1	1,0	1,6	1,3	0,5	1,1
Strukturveränderung[1]	0,3	0,1	0,0	0,1	0,5	0,1
Westliche Industrieländer (ohne EG)						
Nettoeffekt	- 0,1	- 0,2	0,3	- 1,2	- 0,4	- 0,3
Strukturveränderung[1]	0,1	0,0	0,1	0,0	0,1	0,1
EG-Länder						
Nettoeffekt	0,3	- 0,6	1,5	- 1,1	0,1	- 2,0
Strukturveränderung[1]	0,1	0,1	0,1	0,0	0,7	0,1
Alle Länder						
Nettoeffekt	1,7	0,2	3,6	- 1,2	0,2	- 1,2
Strukturveränderung[1]	0,3	0,5	0,1	0,1	1,3	0,3

[1] Gemessen an der Zahl der infolge des Importanstiegs nicht benötigten Erwerbstätigen, die zur Produktion für den Exportanstieg den Wirtschaftszweig wechseln müssen (bei isolierter Betrachtung des Handels mit der jeweiligen Ländergruppe).

dels mit den exportstarken Entwicklungsländern Südostasiens, die vor allem durch verstärkte Importe aus diesen Ländern bestimmt war.

Aus dem gesamten Industriewarenhandel ergab sich für Großbritannien und Belgien in dem betrachteten Zeitraum ein negativer Nettoeffekt aufgrund des im Vergleich zur Exportentwicklung sehr hohen Anstiegs der Importe im Warenaustausch mit den westlichen Industrieländern. In den anderen EG-Ländern hatte die gesamte Handelsausweitung einen positiven Nettoeffekt auf die Beschäftigung, der größten in Italien und der Bundesrepublik.

Neben den saldierten Wirkungen auf die Gesamtbeschäftigung der untersuchten EG-Länder waren auch die sektoralen Strukturverschiebungen infolge der Ausweitung des Industriewarenhandels unterschiedlich groß. Als Indikator dafür wird wiederum die Zahl derjenigen Arbeitskräfte verwendet, die im Rahmen des Handels mit der jeweiligen Ländergruppe zwischen 1970 und 1977 – rein rechnerisch – den Wirtschaftszweig wechseln mußten, um anstelle des durch Importanstieg verlorengegangenen Arbeitsplatzes einen durch zusätzliche Exporte geschaffenen Arbeitsplatz einzunehmen. Danach beeinflußte die Ausweitung des Handels mit den Entwicklungsländern in den Niederlanden und der Bundesrepublik die sektorale Beschäftigungsstruktur am stärksten, in Italien am wenigsten. Auch für den gesamten Außenhandel mit Industriegütern zeigen die Modellrechnungen die größten induzierten Strukturverschiebungen für die Niederlande, die kleinsten für Italien. In der Regel war in dem betrachteten Zeitraum der Strukturwandel aus dem Handel mit der Dritten Welt genauso groß (oder noch größer) wie aus dem Warenaustausch mit den westlichen Industrieländern außerhalb oder innerhalb der EG.

Mißt man entsprechend die gesamte Veränderung des sektoralen Beschäftigungsmusters zwischen 1970 und 1977, dann machen diese Verschiebungen das 13fache (Bundesrepublik, Niederlande) bis mehr als das 300fache (Italien) der Veränderungen aus, die – unter der oben getroffenen Annahme der gegenseitigen Unabhängigkeit von Produktivitätsentwicklung und Handel mit Entwicklungsländern – dem Anstieg des Industriewarenhandels mit den Entwicklungsländern zugerechnet werden können.

7. Zusammenfassende Beurteilung

In den siebziger Jahren gelang es den Entwicklungsländern, den langfristigen Trend sinkender Welthandelsanteile umzukehren. So nahm ihr Gewicht im Rahmen des Außenhandels der untersuchten sechs EG-Länder im vergangenen Jahrzehnt beträchtlich zu. Diese Entwicklung war im wesentlichen durch gestiegene Zahlungen für Erdöl, durch verstärkte Einfuhr von Fertigwaren – insbesondere aus den weiter fortgeschrittenen Schwellenländern – und durch gesteigerte Ausfuhren vor allem in die OPEC-Länder charakterisiert. Insgesamt gesehen sind die Entwicklungsländer für die Volkswirtschaften der Europäischen Gemeinschaft als Absatzmarkt für Industrieprodukte und als Rohstofflieferant weiterhin von größerer Bedeutung denn als Lieferant von Halb- und Fertigwaren.

So hingen 1977 in den sechs Ländern zusammen direkt und über die Produktion der notwendigen Vorleistungen rund 3,7 Mill. Erwerbstätige von Industriegüterexporten in Entwicklungsländer ab. Demgegenüber läßt sich das „Beschäftigungsäquivalent" der Industriegüterimporte aus der Dritten Welt im selben Jahr lediglich auf 1,3 Mill. Erwerbstätige veranschlagen. Durch die Ausweitung des Handels kamen zwischen 1970 und 1977 auf jeden durch den Importanstieg überflüssig gewordenen Arbeitsplatz drei für die Exporte zusätzlich benötigte Arbeitsplätze; das entspricht einem positiven Nettoeffekt von etwa 1,2 Mill. Arbeitsplätzen in den sechs EG-Ländern zusammen. Insgesamt läßt sich dem Anstieg der Importe aus Entwicklungsländern in diesem Zeitraum ein negativer Beschäftigungseffekt von 0,6 Mill. Personen zurechnen. Dies entspricht 0,6 vH der gesamten Beschäftigung im Jahr 1977 und macht nur einen Bruchteil derjenigen Zahl von Arbeitsplätzen aus, die infolge der Zunahme der Arbeitsproduktivität verloren gingen. Selbst in den am stärksten betroffenen Wirtschaftszweigen lag die Zahl der von der zunehmenden Konkurrenz aus der Dritten Welt bedrohten Arbeitsplätze unter dem Arbeitsplatzabbau durch technischen Fortschritt.

Die Ergebnisse der Modellrechnungen belegen die gesamtwirtschaftlich geringe Bedeutung der Arbeitsplatzvernichtung durch Importe aus den Entwicklungsländern. Angesichts der aufgezeigten Größenordnungen ändert sich diese Einschätzung auch nicht, wenn man berücksichtigt, daß ein Teil des Produktivitätsanstiegs durch den Konkurrenzdruck der Dritten Welt bewirkt wird. Zudem werden die Arbeitsplatzverluste durch Importe bei weitem durch die positiven Beschäftigungswirkungen der Exporte in die Entwicklungsländer übertroffen. Die Probleme für den Arbeitsmarkt aus verstärkter Arbeitsteilung mit der Dritten Welt ergeben sich eher daraus, daß die Arbeitsplätze durch die Importe vorwiegend in anderen Wirtschaftszweigen verloren gehen, als sie durch Exporte geschaffen werden, mit entsprechenden strukturellen Konsequenzen.

Bei allen Unterschieden im einzelnen geht der Strukturwandel in den erfaßten EG-Ländern, soweit er durch Warenaustausch mit Entwicklungsländern induziert wird, in die gleiche Richtung. Er ist im wesentlichen durch eine Verlagerung des Arbeitskräftebedarfs vom Konsumgüterbereich in die Investitionsgüterindustrien charakterisiert. Dabei konzentrieren sich die Freisetzungseffekte auf die Textil-, Bekleidungs- und Lederindustrie, während der Maschinenbau am stärksten vom Beschäftigungszuwachs profitiert. Mit der Umschichtung von Produktion und Beschäftigung zwischen den Wirtschaftszweigen sind auch veränderte berufs- und qualifikationsmäßige Anforderungen an die Arbeitskräfte verbunden. So treffen die Freisetzungseffekte der Importe aus Entwicklungsländern vor allem unqualifizierte Arbeitskräfte und weibliche Arbeitnehmer, während für die Exportproduktion ein besonders hoher Anteil von qualifizierten Arbeitskräften erforderlich ist und – entsprechend den derzeitigen Anteilen – überwiegend Männer nachgefragt werden. Verstärkte Arbeitsteilung mit der Dritten Welt verlangt demnach eine Höherqualifizierung der Arbeitskräfte und verstärkte Ausbildung von Frauen in sogenannten Männerberufen.

Das Ausmaß des Strukturwandels in den siebziger Jahren unterscheidet sich im Vergleich zwischen den untersuchten EG-Ländern erheblich: Der Anstieg der Importe und Exporte im Industriewarenhandel mit Entwicklungsländern führte – in Relation zur Gesamtbeschäftigung – zwischen 1970 und 1977 in den Niederlanden und der Bundesrepublik Deutschland zu den größten sektoralen Verschiebungen und in Italien zu den kleinsten. Es ist allerdings überall gering in Relation zur Gesamtbeschäftigung wie auch im Verhältnis zu den gesamten Veränderungen des sektoralen Beschäftigungsmusters in dem betrachteten Zeitraum.

Angesichts der aufgezeigten Größenordnung kann im Handel mit Entwicklungsländern keine Ursache für die Arbeitslosigkeit in den EG-Ländern gesehen werden; Maßnahmen gegen die Industriewareneinfuhr aus der Dritten Welt stellen kein Mittel zum Abbau der Arbeitslosigkeit dar. Das Beschäftigungsproblem in den Industrieländern muß mit Hilfe einer umfassenden Politik gelöst werden, die auf eine Stimulierung der Endnachfrage und eine Begrenzung des Arbeitsangebots abzielt. Eine solche Politik ist in jedem Fall notwendig, ob nun der Warenaustausch mit Entwicklungsländern zu- oder abnimmt. Der positive Beschäftigungseffekt von Handelsschranken ist klein und nur kurzfristig, da sie überholte und nicht mehr wettbewerbsfähige Strukturen konservieren und das Wachstumspotential auf der Exportseite beschneiden.

Mit zusätzlichen Importen aus den Entwicklungsländern werden zusätzliche Exporte in diese Ländergruppe induziert, da ihr Bedarf an Importgütern weiterhin groß ist und ihre Nachfrage am Weltmarkt im wesentlichen durch die Höhe der Deviseneinnahmen bestimmt ist. Die dadurch ausgelösten Strukturveränderungen dürften relativ gering bleiben: Selbst bei einer Verdoppelung der Importe des Jahres 1977 und einem gleichgroßen Exportzuwachs (entsprechend den Warenstrukturen von 1977) würde die Zahl derjenigen Arbeitskräfte, die den Wirtschaftszweig wechseln müßten, ein halbes vH der Gesamtbeschäftigung nicht übersteigen. Der induzierte Strukturwandel hat allerdings in den einzelnen EG-Ländern ein unterschiedliches Gewicht. Er ist um so größer, je mehr sich die Warenstruktur von Importen und Exporten unterscheiden, je niedriger die Arbeitsproduktivität und je niedriger die Importintensität der jeweiligen Volkswirtschaft sind. Insgesamt gesehen wäre der größte Strukturwandel – bei gleichem Handelsvolumen und gemessen an der Zahl der betroffenen Arbeitskräfte – von Großbritannien und Italien zu bewältigen.

Hinzu kommt, daß die Chancen der einzelnen EG-Länder für zusätzliche Aufträge aus der Dritten Welt unterschiedlich hoch sind. In der günstigsten Position dürften sich die Bundesrepublik und die Niederlande befinden aufgrund ihres hohen Produktivitätsniveaus und ihrer wettbewerbsfähigen Angebotspalette mit Schwergewicht auf Investitionsgütern und chemischen Erzeugnissen. Danach dürfte Frankreich folgen, dessen Arbeitsproduktivität ähnlich hoch ist und dessen internationale Stellung im Investitionsgüterbereich sich in den siebziger Jahren erheblich verbessert hat. Ungünstiger stellt sich angesichts einer wenig tragfähigen Angebotsstruktur (mit Schwergewicht auf Metallen und Textilien) die Situation Belgiens dar. Noch schlechter erscheinen die Aussichten Großbritanniens aufgrund der in allen Bereichen niedrigen Produktivität. Sehr ungünstig dürfte auch Italiens Position sein, das sowohl ein niedriges Produktivitätsniveau als auch eine nachteilige Angebotsstruktur aufweist (mit Schwergewicht auf Textilien, Bekleidung und Lederwaren). Dabei werden gerade Italien und Belgien durch die Konkurrenz der Entwicklungsländer auch auf ihren Exportmärkten betroffen.

Einer liberalen Handelspolitik gegenüber der Dritten Welt, die aus entwicklungspolitischer Sicht notwendig ist, stehen aus beschäftigungspolitischer Sicht – angesichts der aufgezeigten Größenordnungen – grundsätzlich keine entscheidenden Einwände gegenüber. Wegen der unterschiedlichen Haltung der einzelnen EG-Mitgliedstaaten ist es allerdings fraglich, ob sich ein freier Zugang der Entwicklungsländer zum gesamten europäischen Markt rasch verwirklichen läßt. Derzeit werden im Gegenteil – trotz der formell weitgehend abgeschlossenen Vergemeinschaftung der Handelspolitik, die im EWG-Vertrag vorgeschrieben ist – von einzelnen Mitgliedstaaten weitere Einfuhrhemmnisse errichtet. Aber auch die Gemeinschaft selbst handelt zunehmend protektionistisch. In einem solch ungünstigen handelspolitischen Klima ist es besonders schwierig, Vorschläge für eine Liberalisierung der Importe vorzulegen, die in den politischen Entscheidungsgremien ernsthaft diskutiert werden können und eine gewisse Aussicht auf Realisierung haben. Zu berücksichtigen ist dabei insbesondere, daß zwischen den einzelnen EG-Ländern Unterschiede sowohl im Hinblick auf das Gewicht des Strukturwandels infolge von Außenhandel als auch im Hinblick auf die wirtschaftliche Leistungsfähigkeit bestehen. Auch dürften die Ansichten darüber, in welchem Maße die Schrumpfung bedrohter Industrien als sozial vertretbar anzusehen ist, von Land zu Land verschieden sein.

Aus diesen Gründen müßte ein Angebot der EG an die Entwicklungsländer, die Einfuhrhemmnisse entsprechend einem verbindlichen und für alle Mitgliedstaaten gleichen Zeitplan abzubauen, von einer Strukturpolitik begleitet werden, die gravierende Unterschiede zwischen den EG-Ländern im Hinblick auf das Gewicht des Strukturwandels infolge des Handels mit der Dritten Welt und im Hinblick auf die eigene wirtschaftliche Leistungsfähigkeit in Rechnung stellt. Denkbar ist die bevorzugte aktive Unterstützung des Strukturwandels in den Ländern mit vergleichsweise großen Problemen durch die Gemeinschaft. Sektorbezogene Umstrukturierungshilfen werden in der Tat auch bereits vergeben bzw. legislativ vorbereitet. Solange aber die zur Zeit noch wachsenden Haushaltszwänge der Gemeinschaft nicht im Wege einer umfassenden Reform der Agrarpolitik beseitigt werden, wird der Spielraum für eine gemeinsame Strukturpolitik noch äußerst gering bleiben. Es wäre daher zu erwägen, ob der zu vereinbarende Liberalisierungsplan unmittelbar Unterschiede der genannten Art zwischen den EG-Ländern berücksichtigt. Dies könnte in der Weise geschehen, daß der Zeitplan für den stufenweisen Abbau der vorhandenen Handelshemmnisse für einzelne EG-Länder Fristen vorsieht, die von der Mehrheitsregelung abweichen.

Tabellarischer Anhang*

---
* Zu Datenbasis, Berechnungsmethoden, Definitionen und Abkürzungen siehe Kapitel 2.

Tabelle A.1 Gesamtwirtschaftliche Kennziffern der EG-Länder 1977
- zu Preisen von 1970 -

	Bundesrepublik Deutschland	Frankreich	Italien	Vereinigtes Königreich	Niederlande	Belgien
	Gesamtwirtschaft (Sektoren 1-24)					
Erwerbstätige (in Tsd.)	24 995	21 444	20 269	24 929	4 662	3 746
Bruttoinlandsprodukt je Erwerbstätigen						
in Tsd. US-$	8,9	8,2	6,1	5,6	8,1	8,3
Veränderung gegenüber 1970 in vH	26,7	29,9	18,8	17,6	27,7	25,7
	Verarbeitendes Gewerbe (Sektoren 3-18)					
Erwerbstätige (in Tsd.)	8 472	5 572	5 647	6 992	1 007	979
davon (in vH):						
Männer	69,6	69,2	68,1	70,8	84,3	74,8
Frauen	30,4	30,8	31,9	29,2	15,7	25,2
Leistungsgruppe[1] 1	6,5	6,0	4,2	.	5,1	4,2
2	10,7	6,3	6,1	.	6,6	6,0
3	6,7	12,2	5,5	.	15,6	7,5
4	2,9	4,6	2,1	.	3,4	2,5
5	27,9	27,1	27,8	.	26,0	23,7
6	26,6	27,6	31,9	.	31,0	30,4
7	18,7	16,3	22,4	.	12,2	25,5
Bruttoinlandsprodukt je Erwerbstätigen						
in Tsd. US-$	9,7	9,5	6,6	5,6	9,9	10,2
Veränderung gegenüber 1970 in vH	34,2	38,1	24,5	22,8	42,5	50,8
Kapitalintensität (Anlagevermögen in Tsd. US-$ je Erwerbstätigen)[2]	18,5	18,1	12,9	12,0	24,1	20,0

1) 1972.- 2) 1975.

Tabelle A.2 Industriegüterhandel der EG-Länder nach Ländergruppen 1977
- in Mrd. US-$ zu Preisen von 1977 -

Ländergruppen	Bundesrepublik Deutschland	Frankreich	Italien	Vereinigtes Königreich	Niederlande	Belgien
Exporte der EG-Länder						
Alle Entwicklungsländer	25,3	16,5	11,7	15,3	4,3	4,2
Europäische Entwicklungsländer	6,5	3,0	2,7	2,2	1,0	0,9
Spanien, Griechenland, Portugal	3,5	2,3	1,7	1,5	0,7	0,6
Jugoslawien, Türkei	3,0	0,7	1,1	0,7	0,3	0,3
Außereuropäische Entwicklungsländer (ohne OPEC)	8,7	8,1	3,5	6,6	1,8	1,9
Mittelmeerländer	2,0	2,4	1,3	1,4	0,4	0,5
Lateinamerika	2,8	1,6	1,0	1,6	0,6	0,4
Südostasien	1,4	0,6	0,3	1,4	0,2	0,3
Übrige Entwicklungsländer	2,5	3,4	0,9	2,2	0,6	0,7
OPEC-Länder	10,1	5,4	5,4	6,5	1,4	1,4
VR China	0,5	0,1	0,1	0,1	0,0	0,0
RGW-Länder	6,3	2,5	2,2	1,4	0,7	0,6
Westliche Industrieländer (ohne EG)	28,4	7,9	6,7	14,5	3,4	3,7
Japan	1,2	0,4	0,3	0,7	0,2	0,1
USA	7,5	2,8	2,5	4,3	1,0	1,4
Übrige westliche Industrieländer	19,7	4,7	3,8	9,6	2,2	2,2
EG-Länder	45,6	23,6	17,6	16,4	15,7	21,4
Alle Länder	106,1	50,6	38,2	47,7	24,0	29,9
Importe der EG-Länder						
Alle Entwicklungsländer	7,7	4,5	3,1	4,6	1,9	2,0
Europäische Entwicklungsländer	2,5	2,0	1,0	0,9	0,5	0,4
Spanien, Griechenland, Portugal	1,7	1,8	0,6	0,8	0,4	0,3
Jugoslawien, Türkei	0,8	0,2	0,4	0,1	0,1	0,1
Außereuropäische Entwicklungsländer (ohne OPEC)	4,8	2,4	1,8	3,4	1,4	1,5
Mittelmeerländer	0,5	0,3	0,2	0,2	0,2	0,2
Lateinamerika	1,0	0,4	0,6	0,6	0,2	0,2
Südostasien	2,2	0,7	0,4	1,6	0,7	0,3
Übrige Entwicklungsländer	1,1	1,0	0,7	1,0	0,2	0,8
OPEC-Länder	0,4	0,2	0,2	0,3	0,1	0,0
VR China	0,2	0,1	0,1	0,1	0,1	0,0
RGW-Länder	2,4	1,1	0,8	1,5	0,6	0,4
Westliche Industrieländer (ohne EG)	16,8	9,3	5,7	16,7	5,1	4,0
Japan	2,7	1,4	0,6	1,8	0,9	0,6
USA	4,7	3,8	2,0	4,9	1,9	1,5
Übrige westliche Industrieländer	9,4	4,1	3,0	9,9	2,3	1,8
EG-Länder	33,8	28,2	14,7	17,4	20,4	21,2
Alle Länder	60,8	43,4	24,4	40,3	28,1	27,6

Tabelle A.3 Gesamtwirtschaftliche Beschäftigungs- und Einkommenseffekte des Industriegüterhandels mit verschiedenen Ländergruppen 1977: Bundesrepublik Deutschland

Ländergruppen	Von Exporten abhängige Erwerbstätige		Infolge von Importen nicht benötigte Erwerbstätige		Effekt von Exporten als Vielfaches des Effekts gleichgroßer Importe				
	Insgesamt	Je 100 Mill. US-$[1]	Insgesamt	Je 100 Mill. US-$[1]	Erwerbstätige	Anteil von Frauen	Anteil von an- und ungelernten Arbeitern[2]	Anlagevermögen je Erwerbstätigen	Bruttoinlandsprodukt	Bruttoinlandsprodukt je Erwerbstätigen
	in Tsd. Personen									
Alle Entwicklungsländer	956,8	8,6	358,0	9,4	0,92	0,60	0,73	1,13	1,05	1,15
Europäische Entwicklungsländer, Spanien, Griechenland,	251,9	8,6	116,6	9,3	0,92	0,68	0,78	1,13	1,03	1,12
Portugal	135,9	8,4	76,0	9,2	0,92	0,72	0,81	1,13	1,03	1,12
Jugoslawien, Türkei	116,0	8,7	40,5	9,6	0,91	0,63	0,74	1,14	1,05	1,16
Außereuropäische Entwicklungsländer (ohne OPEC)	321,1	8,4	223,8	9,4	0,89	0,59	0,71	1,21	1,05	1,18
Mittelmeerländer	75,2	8,6	23,2	9,3	0,93	0,60	0,71	1,13	1,05	1,14
Lateinamerika	102,0	8,2	43,7	9,1	0,90	0,64	0,74	1,13	1,06	1,18
Südostasien	54,0	8,4	107,3	9,5	0,89	0,58	0,71	1,31	1,05	1,18
Übrige Entwicklungsländer	89,9	8,3	49,7	9,4	0,88	0,62	0,73	1,20	1,05	1,19
OPEC-Länder	383,8	8,8	17,5	9,5	0,93	0,55	0,70	1,07	1,08	1,16
VR China	17,8	7,5	7,2	9,1	0,82	0,46	0,62	1,40	1,01	1,24
RGW-Länder	248,0	8,5	102,7	8,6	0,99	0,73	0,83	1,00	1,04	1,05
Westliche Industrieländer (ohne EG)	1 073,3	8,5	707,3	8,4	1,00	0,91	0,96	1,00	1,01	1,01
Japan	42,8	8,0	113,8	8,2	0,97	0,95	0,95	1,13	1,01	1,04
USA	273,6	8,4	188,8	8,1	1,03	0,81	0,94	1,06	1,01	0,98
Übrige westliche Industrieländer	756,9	8,5	404,7	8,7	0,99	0,93	0,97	1,06	1,00	1,01
EG-Länder	1 757,9	8,4	1 404,9	8,5	1,00	0,90	0,94	1,00	1,01	1,01
Alle Länder	4 053,8	8,5	2 580,1	8,6	0,99	0,83	0,90	1,00	1,01	1,02

1) Zu Preisen von 1970.- 2) Leistungsgruppen 6 und 7.

Tabelle A.4　　Gesamtwirtschaftliche Beschäftigungs- und Einkommenseffekte des Industriegüterhandels mit verschiedenen Ländergruppen 1977:

Frankreich

Ländergruppen	Von Exporten abhängige Erwerbstätige		Infolge von Importen nicht benötigte Erwerbstätige		Effekt von Exporten als Vielfaches des Effekts gleichgroßer Importe					
	Insgesamt	Je 100 Mill. US-$[1]	Insgesamt	Je 100 Mill. US-$[1]	Erwerbstätige	Anteil von Frauen	Anteil von an- und ungelernten Arbeitern[2]	Anlagevermögen je Erwerbstätigen	Bruttoinlandsprodukt	Bruttoinlandsprodukt je Erwerbstätigen
	in Tsd. Personen									
Alle Entwicklungsländer	679,9	8,9	233,6	10,2	0,88	0,73	0,82	1,13	1,01	1,16
Europäische Entwicklungsländer Spanien, Griechenland,	123,3	8,7	94,9	9,8	0,89	0,88	0,89	1,13	0,99	1,11
Portugal	94,2	8,8	84,9	9,7	0,90	0,91	0,90	1,13	1,00	1,11
Jugoslawien, Türkei	29,1	8,6	10,0	10,1	0,85	0,74	0,84	1,29	0,96	1,15
Außereuropäische Entwicklungsländer (ohne OPEC)	332,9	8,9	127,6	10,4	0,85	0,66	0,78	1,13	1,01	1,19
Mittelmeerländer	100,8	9,0	18,8	10,7	0,84	0,60	0,77	1,01	1,01	1,20
Lateinamerika	66,2	8,7	18,7	9,8	0,89	0,65	0,77	1,00	1,05	1,18
Südostasien	24,5	8,9	39,0	10,8	0,82	0,75	0,78	1,14	0,99	1,21
Übrige Entwicklungsländer	141,4	8,9	51,1	10,3	0,87	0,67	0,78	1,06	1,04	1,20
OPEC-Länder	223,6	9,0	11,1	11,4	0,79	0,82	0,86	1,14	1,02	1,29
VR China	3,4	8,2	8,0	11,1	0,74	0,51	0,62	1,58	1,02	1,38
RGW-Länder	101,2	8,3	54,7	9,5	0,88	0,72	0,82	1,19	1,01	1,15
Westliche Industrieländer (ohne FR)	330,0	9,0	435,6	9,1	0,99	0,99	1,07	1,00	0,97	0,98
Japan	17,9	9,2	62,8	8,9	1,03	1,40	1,18	0,94	0,92	0,90
USA	116,8	8,6	172,4	8,7	0,98	0,99	1,07	1,12	0,93	0,95
Übrige westliche Industrieländer	203,3	9,1	200,4	9,5	0,97	0,94	1,06	1,06	1,00	1,04
EG-Länder	1 042,0	9,2	1 307,1	9,1	1,02	1,05	1,04	1,00	1,00	0,98
Alle Länder	2 164,5	9,0	2 039,0	9,2	0,98	0,95	0,99	1,00	0,99	1,01

1) Zu Preisen von 1970.- 2) Leistungsgruppen 6 und 7.

Tabelle A.5   Gesamtwirtschaftliche Beschäftigungs- und Einkommenseffekte des Industriegüterhandels mit verschiedenen Ländergruppen 1977:

Italien

Ländergruppen	Von Exporten abhängige Erwerbstätige		Infolge von Importen nicht benötigte Erwerbstätige		Effekt von Exporten als Vielfaches des Effekts gleichgroßer Importe				
	Insgesamt	Je 100 Mill. US-$[1]	Insgesamt	Je 100 Mill. US-$[1]	Erwerbstätige	Anteil von Frauen	Anteil von an- und ungelernten Arbeitern[2]	Anlagevermögen je Erwerbstätigen	Bruttoinlandsprodukt	Bruttoinlandsprodukt je Erwerbstätigen
	in Tsd. Personen									
Alle Entwicklungsländer	685,4	11,1	181,1	12,2	0,91	0,58	0,95	1,23	1,03	1,12
Europäische Entwicklungsländer Spanien, Griechenland, Portugal	156,4	10,9	56,9	11,5	0,94	0,71	0,93	1,20	1,03	1,09
	94,6	10,9	32,4	10,9	1,00	0,80	0,94	0,94	1,04	1,04
Jugoslawien, Türkei	61,8	10,9	24,5	12,5	0,87	0,61	0,92	1,50	1,01	1,16
Außereuropäische Entwicklungsländer (ohne OPEC)	203,4	11,0	113,6	12,5	0,88	0,54	0,93	1,42	1,05	1,19
Mittelmeerländer	80,5	11,2	12,6	12,7	0,88	0,53	0,97	1,14	1,00	1,13
Lateinamerika	52,9	10,7	33,9	11,9	0,90	0,46	0,92	1,29	1,07	1,18
Südostasien	21,1	11,4	25,0	13,0	0,88	0,66	0,95	1,50	1,03	1,17
Übrige Entwicklungsländer	48,9	10,9	42,0	12,7	0,86	0,51	0,92	1,64	1,05	1,23
OPEC-Länder	325,7	11,3	10,6	12,6	0,90	0,56	0,96	1,25	1,03	1,14
VR China	4,1	9,6	11,0	15,5	0,62	0,43	0,86	2,88	1,01	1,64
RGW-Länder	121,0	10,5	43,6	10,7	0,98	0,78	0,95	1,06	1,00	1,02
Westliche Industrieländer (ohne EG)	434,9	12,2	307,9	11,0	1,11	1,14	1,04	0,81	1,00	0,90
Japan	25,2	13,7	32,6	10,3	1,33	1,81	1,03	0,65	1,03	0,77
USA	159,7	11,9	111,1	10,9	1,09	1,13	1,06	0,88	0,97	0,89
Übrige westliche Industrieländer	250,0	12,3	164,2	11,3	1,09	1,07	1,02	0,87	1,00	0,92
EG-Länder	1 164,1	12,4	759,9	10,5	1,18	1,34	1,03	0,68	1,01	0,86
Alle Länder	2 409,6	11,9	1 303,4	10,9	1,09	1,05	1,01	0,82	1,00	0,92

1) Zu Preisen von 1970. - 2) Leistungsgruppen 6 und 7.

Tabelle A.6　　Gesamtwirtschaftliche Beschäftigungs- und Einkommenseffekte des Industriegüterhandels mit verschiedenen Ländergruppen 1977: Vereinigtes Königreich

Ländergruppen	Von Exporten abhängige Erwerbstätige		Infolge von Importen nicht benötigte Erwerbstätige		Effekt von Exporten als Vielfaches des Effekts gleichgroßer Importe				
	Insgesamt	Je 100 Mill. US-$[1]	Insgesamt	Je 100 Mill. US-$[1]	Erwerbstätige	Anteil von Frauen	Anteil von an- und ungelernten Arbeitern[2]	Anlagevermögen je Erwerbstätigen	Bruttoinlandsprodukt je Erwerbstätigen
	in Tsd. Personen								
Alle Entwicklungsländer	1 124,9	14,6	362,7	14,6	1,00	0,68	.	1,18	1,04	1,04
Europäische Entwicklungsländer Spanien, Griechenland,	161,0	14,4	70,4	14,7	0,98	0,72	.	1,27	1,01	1,03
Portugal	112,4	14,3	61,8	14,7	0,98	0,77	.	1,27	1,01	1,04
Jugoslawien, Türkei	48,6	14,6	8,6	14,9	0,98	0,58	.	1,40	1,03	1,04
Außereuropäische Entwicklungsländer (ohne OPEC)	479,3	14,5	269,7	14,6	0,99	0,65	.	1,18	1,04	1,05
Mittelmeerländer	104,2	14,6	19,1	14,4	1,02	0,71	.	1,18	1,01	0,99
Lateinamerika	113,9	14,3	44,4	13,3	1,08	0,70	.	0,93	1,07	0,99
Südostasien	98,6	14,4	129,0	15,0	0,96	0,63	.	1,44	1,04	1,08
Übrige Entwicklungsländer	162,6	14,5	77,1	14,7	0,99	0,68	.	1,08	1,04	1,05
OPEC-Länder	484,6	14,7	22,6	14,8	1,00	0,91	.	1,08	1,00	1,00
VR China	7,3	13,9	9,6	14,6	0,96	0,49	.	1,27	1,05	1,10
RGW-Länder	93,8	13,3	112,2	14,3	0,93	0,97	.	1,25	1,01	1,09
Westliche Industrieländer (ohne EG)	1 056,2	14,3	1 214,4	14,0	1,03	0,98	.	1,00	1,01	0,99
Japan	47,3	13,8	136,1	14,8	0,93	1,15	.	1,08	0,98	1,05
USA	309,9	14,3	373,7	13,9	1,03	0,91	.	1,08	0,99	0,96
übrige westliche Industrieländer	699,0	14,4	704,5	13,9	1,04	1,00	.	0,93	1,03	0,99
EG-Länder	1 194,1	14,3	1 278,1	14,1	1,01	1,00	.	1,00	1,00	0,99
Alle Länder	3 476,3	14,4	2 977,0	14,1	1,02	0,92	.	1,00	1,01	0,99

1) Zu Preisen von 1970. - 2) Leistungsgruppen 6 und 7.

Tabelle A.7   Gesamtwirtschaftliche Beschäftigungs- und Einkommenseffekte des Industriegüterhandels mit verschiedenen Ländergruppen 1977: Niederlande

Ländergruppen	Von Exporten abhängige Erwerbstätige		Infolge von Importen nicht benötigte Erwerbstätige		Effekt von Exporten als Vielfaches des Effekts gleichgroßer Importe				
	Insgesamt	Je 100 Mill. US-$¹)	Insgesamt	Je 100 Mill. US-$¹)	Erwerbstätige	Anteil von Frauen	Anteil an- und ungelernten Arbeitern²)	Anlagevermögen je Erwerbstätigen	Bruttoinlandsprodukt	Bruttoinlandsprodukt je Erwerbstätigen
	in Tsd. Personen									
Alle Entwicklungsländer	124,8	6,2	69,1	7,4	0,84	0,59	0,79	1,22	1,07	1,27
Europäische Entwicklungsländer Spanien, Griechenland,	30,0	6,0	17,9	7,1	0,84	0,64	0,81	1,20	1,07	1,28
Portugal	19,8	5,8	13,1	6,8	0,85	0,68	0,83	1,19	1,04	1,21
Jugoslawien, Türkei	10,2	6,2	4,8	7,8	0,80	0,55	0,75	1,35	1,16	1,45
Außereuropäische Entwicklungsländer (ohne OPEC)	52,2	6,1	49,3	7,5	0,82	0,60	0,78	1,28	1,05	1,28
Mittelmeerländer	11,1	6,5	6,4	7,3	0,90	0,68	0,80	0,96	0,98	1,10
Lateinamerika	15,8	5,8	6,4	6,5	0,90	0,56	0,78	1,09	1,07	1,20
Südostasien	6,7	6,0	27,0	7,7	0,78	0,58	0,77	1,53	1,11	1,43
Übrige Entwicklungsländer	18,6	6,3	9,5	7,7	0,82	0,61	0,77	1,22	1,04	1,26
OPEC-Länder	42,6	6,4	1,9	7,6	0,85	0,54	0,79	1,18	1,07	1,26
VR China	1,3	5,3	2,0	7,3	0,73	0,51	0,77	1,63	1,13	1,55
RGW-Länder	20,4	6,4	20,0	7,5	0,86	1,06	0,92	1,28	0,97	1,13
Westliche Industrieländer (ohne EG)	100,7	6,2	168,2	7,1	0,87	1,05	1,01	1,21	0,98	1,12
Japan	5,0	6,1	27,9	6,6	0,88	1,27	0,92	1,40	1,11	1,27
USA	26,9	5,7	63,9	6,9	0,82	0,96	1,00	1,40	1,02	1,23
Übrige westliche Industrieländer	68,8	6,4	77,3	7,2	0,88	1,05	1,03	1,11	0,95	1,08
EG-Länder	494,7	6,5	649,7	6,7	0,96	1,04	0,97	1,10	1,00	1,04
Alle Länder	741,8	6,4	909,0	6,9	0,93	0,98	0,96	1,15	1,00	1,08

1) Zu Preisen von 1970.- 2) Leistungsgruppen 6 und 7.

Tabelle A.8   Gesamtwirtschaftliche Beschäftigungs- und Einkommenseffekte des Industriegüterhandels mit verschiedenen Ländergruppen 1977: Belgien

Ländergruppen	Von Exporten abhängige Erwerbstätige		Infolge von Importen nicht benötigte Erwerbstätige		Effekt von Exporten als Vielfaches des Effekts gleichgroßer Importe					
	Insgesamt	Je 100 Mill. US-$[1]	Insgesamt	Je 100 Mill. US-$[1]	Erwerbstätige	Anteil von Frauen	Anteil von an- und ungelernten Arbeitern[2]	Anlagevermögen je Erwerbstätigen	Bruttoinlandsprodukt	Bruttoinlandsprodukt je Erwerbstätigen
	in Tsd. Personen									
Alle Entwicklungsländer	121,3	6,0	62,6	6,4	0,94	0,79	0,91	1,00	1,05	1,12
Europäische Entwicklungsländer	22,6	5,4	13,9	6,8	0,80	0,60	0,90	1,39	1,02	1,27
Spanien, Griechenland, Portugal	16,0	5,4	10,8	6,6	0,82	0,62	0,92	1,37	1,02	1,24
Jugoslawien, Türkei	6,6	5,6	3,2	7,7	0,73	0,54	0,84	1,57	1,02	1,39
Außereuropäische Entwicklungsländer (ohne OPEC)	58,3	6,3	47,1	6,3	1,00	0,79	0,92	1,00	1,09	1,08
Mittelmeerländer	17,1	6,8	8,7	7,9	0,86	0,74	0,93	1,10	0,96	1,11
Lateinamerika	9,5	5,6	6,0	6,1	0,92	0,58	0,84	1,00	1,13	1,23
Südostasien	11,0	6,5	10,7	7,5	0,86	0,58	0,97	1,50	1,10	1,27
Übrige Entwicklungsländer	20,7	6,2	21,6	5,4	1,13	1,05	0,91	0,77	1,15	1,01
OPEC-Länder	40,4	6,1	1,6	7,6	0,80	0,73	0,90	1,12	0,89	1,11
VR China	0,9	4,2	1,2	7,8	0,54	0,37	0,91	2,67	1,02	1,90
RGW-Länder	16,6	5,3	14,0	6,5	0,81	1,03	0,95	1,17	0,90	1,11
Westliche Industrieländer (ohne EG)	103,1	5,8	115,7	6,0	0,96	0,94	1,06	1,19	0,98	1,02
Japan	4,2	6,4	15,2	5,1	1,26	0,96	1,10	1,47	1,35	1,07
USA	40,1	5,9	44,9	6,0	0,98	0,75	1,10	1,27	1,00	1,02
Übrige westliche Industrieländer	58,8	5,7	55,6	6,3	0,90	1,06	1,02	1,00	0,93	1,03
EG-Länder	596,1	5,8	613,4	6,0	0,97	1,03	1,03	1,10	0,98	1,02
Alle Länder	838,0	5,8	807,0	6,0	0,96	0,99	1,02	1,10	0,98	1,02

1) Zu Preisen von 1970.— 2) Leistungsgruppen 6 und 7.

Tabelle A.9　　　Struktur des Beschäftigungseffekts der Industriegüterexporte in verschiedene
Ländergruppen nach Wirtschaftszweigen, Geschlecht und Leistungsgruppen 1977:
Bundesrepublik Deutschland
- in vH -

		Alle Entwicklungs- länder	Europäische Entwicklungsländer			Außereuropäische Entwicklungsländer (ohne OPEC)				
			Gesamt	Spanien, Griechen- land, Portugal	Jugo- slawien, Türkei	Gesamt	Mittel- meer- länder	Latein- amerika	Südost- asiatische Schwellen- länder	Übrige
1	LANDW	1.2	1.3	1.4	1.2	1.3	1.2	1.4	1.3	1.2
2	BERGR.EN	2.0	2.0	2.0	1.9	2.0	1.9	2.1	1.9	2.0
3-18	VERARB	79.8	79.6	79.0	80.4	79.5	80.0	78.8	80.0	79.4
3- 5	GRUNDST	16.0	16.5	17.6	15.2	17.3	15.4	19.2	16.7	17.0
3	ERZE.MET	8.5	8.4	8.9	7.8	7.7	8.0	8.0	6.2	8.0
4	BAUST	2.1	2.0	2.2	1.7	2.2	2.0	2.0	3.3	1.8
5	CHEM	5.4	6.1	6.5	5.6	7.4	5.4	9.3	7.2	7.2
6-11	INVGUET	48.3	41.6	39.4	44.2	47.2	45.8	47.1	48.3	48.0
6	METGUET	6.1	5.1	5.2	4.9	5.5	5.5	5.4	5.4	5.7
7	MB	23.0	21.1	17.9	24.8	22.4	20.5	24.7	23.0	21.1
8	BM.FEINM	2.1	2.6	3.0	2.1	2.4	1.9	2.9	3.3	1.6
9	ELT	8.5	7.6	7.9	7.3	7.7	7.3	7.8	10.8	6.1
10	KFZ	6.9	4.6	4.8	4.4	6.5	9.1	4.2	5.1	7.8
11	S.FZ	1.6	0.7	0.6	0.7	2.7	1.5	2.1	0.7	5.7
12	NG	0.4	0.4	0.4	0.4	0.4	0.4	0.4	0.4	0.4
13-18	KONGUET	15.2	21.2	21.6	20.7	14.6	18.5	12.1	14.6	14.0
13	TEX.BEKL	5.0	8.6	6.8	10.6	4.5	8.5	1.9	4.2	4.3
14	LEDER	0.7	1.8	2.9	0.6	0.4	0.7	0.2	0.9	0.2
15	HOLZ	1.5	1.3	1.6	0.9	1.0	1.5	0.8	1.0	0.9
16	PAPDRUCK	3.4	3.9	4.2	3.6	3.6	3.2	3.8	3.6	3.5
17	GUMPLAST	3.7	4.4	4.8	4.0	4.1	3.8	4.3	3.7	4.3
18	S.VERARB	0.9	1.1	1.2	1.0	1.0	0.8	1.1	1.3	0.7
19	BAUTEN	0.6	0.6	0.6	0.6	0.7	0.6	0.7	0.6	0.7
20-24	DIENSTL	16.4	16.4	16.9	15.9	16.6	16.2	17.0	16.2	16.6
20	HANDEL	10.4	10.5	10.7	10.1	10.5	10.4	10.7	10.2	10.6
21	VERKNACH	3.7	3.7	3.9	3.6	3.8	3.6	3.9	3.7	3.8
22	KREDVERS	0.3	0.3	0.3	0.3	0.3	0.3	0.3	0.3	0.3
23	SMDIFNST	2.0	2.0	2.0	1.9	2.0	1.9	2.0	2.0	2.0
24	NMDIFNST	0.0	0.0	0.0	0.0	0.0	0.0	0.0	0.0	0.0
1-24	INSGES.	100.0	100.0	100.0	100.0	100.0	100.0	100.0	100.0	100.0
25	MAENNER	72.2	69.5	69.4	69.6	72.4	70.8	73.2	71.3	73.3
26	FRAUEN	27.8	30.5	30.6	30.4	27.6	29.2	26.8	28.7	26.7
27	LEISTGR1	7.2	7.0	6.9	7.0	7.3	6.9	7.7	7.4	7.3
28	2	10.9	10.8	10.7	10.8	11.3	10.6	11.7	11.4	11.3
29	3	6.7	6.7	6.7	6.8	6.8	6.5	7.1	6.9	6.7
30	4	3.0	3.0	3.0	3.0	3.0	3.0	3.1	3.0	3.0
31	5	30.4	28.6	28.3	29.0	30.3	30.0	30.0	29.3	31.3
32	6	25.8	27.4	27.6	27.3	25.7	27.0	25.1	25.7	25.5
33	7	15.9	16.5	16.8	16.1	15.5	16.0	15.3	16.3	14.9

Noch: Tabelle A.9

		OPEC-Länder	VR China	RGW-Länder	Westliche Industrieländer (ohne EG)				EG-Länder	Alle Länder
					Gesamt	Japan	USA	Übrige		
1	LANDW	1.1	1.5	1.2	1.4	1.7	1.1	1.4	1.6	1.4
2	BERGB.EN	1.9	3.7	2.4	2.0	2.1	2.2	1.9	2.1	2.0
3-18	VERARB	80.3	70.5	77.9	79.4	78.9	78.7	79.7	78.9	79.2
3-5	GRUNDST	14.6	40.9	22.6	16.3	18.9	17.9	15.6	17.6	17.3
3	ERZE.MET	9.3	28.6	15.2	8.4	5.0	10.4	7.9	9.0	9.2
4	BAUST	2.1	1.9	1.9	2.6	2.5	2.6	2.6	2.9	2.6
5	CHEM	3.3	10.4	5.4	5.3	11.5	4.9	5.1	5.7	5.5
6-11	INVGUET	53.5	21.6	39.8	42.3	41.1	47.9	40.3	36.8	41.1
6	METGUET	7.4	3.0	4.5	5.8	4.9	5.5	6.0	5.7	5.7
7	MB	24.8	11.0	27.1	14.7	19.1	15.1	14.3	12.5	16.4
8	BM.FEINM	1.5	1.2	1.5	3.2	5.8	3.8	2.8	3.1	2.8
9	ELT	9.8	2.5	4.6	7.1	4.6	4.1	8.2	6.8	7.1
10	KFZ	8.8	0.5	1.5	10.7	6.7	18.6	8.0	7.4	7.8
11	S.FZ	1.2	3.4	0.6	0.9	0.1	0.8	1.0	1.3	1.2
12	NG	0.3	0.5	0.4	0.4	0.5	0.4	0.4	0.4	0.4
13-18	KONGUET	11.8	7.5	15.2	20.4	18.3	12.5	23.3	24.2	20.4
13	TEX.BEKL	3.1	1.1	6.2	6.7	4.2	2.5	8.3	9.1	7.3
14	LEDER	0.2	0.1	0.4	0.8	1.0	0.4	0.9	0.7	0.7
15	HOLZ	2.0	0.8	0.9	2.1	1.4	1.1	2.5	2.9	2.2
16	PAPDRUCK	2.8	3.2	3.6	4.5	5.1	3.4	4.9	5.1	4.4
17	GUMPLAST	3.0	2.1	3.4	4.4	3.8	3.6	4.7	5.0	4.4
18	S.VERARB	0.6	0.2	0.6	1.9	2.8	1.6	2.0	1.3	1.3
19	BAUTEN	0.6	0.8	0.6	0.6	0.7	0.6	0.6	0.6	0.6
20-24	DIENSTL	16.2	23.6	17.9	16.6	16.7	17.4	16.3	16.8	16.7
20	HANDEL	10.4	15.2	11.5	10.6	10.4	11.2	10.3	10.5	10.6
21	VERKNACH	3.6	5.7	4.1	3.7	3.9	3.9	3.7	3.9	3.8
22	KREDVERS	0.3	0.4	0.3	0.3	0.3	0.3	0.3	0.3	0.3
23	SMDIFNST	1.9	2.3	2.0	2.0	2.0	2.0	2.0	2.0	2.0
24	NMDIENST	0.0	0.0	0.0	0.0	0.0	0.0	0.0	0.0	0.0
1-24	INSGES.	100.0	100.0	100.0	100.0	100.0	100.0	100.0	100.0	100.0
25	MAENNER	73.9	76.0	73.0	70.5	70.3	74.1	69.2	69.2	70.5
26	FRAUEN	26.1	24.0	27.0	29.5	29.7	25.9	30.8	30.8	29.5
27	LEISTGR1	7.3	8.0	7.4	6.7	7.1	6.8	6.6	6.6	6.8
28	2	10.8	10.5	10.7	10.4	11.6	10.3	10.4	10.3	10.5
29	3	6.6	6.4	6.8	6.4	7.0	6.1	6.4	6.4	6.5
30	4	3.0	3.0	3.1	3.0	3.1	3.0	2.9	2.9	3.0
31	5	31.7	29.1	29.9	29.6	28.6	32.2	28.8	28.5	29.3
32	6	24.9	27.8	26.6	27.3	26.7	26.3	27.7	28.3	27.3
33	7	15.8	15.2	15.5	16.6	15.9	15.3	17.0	17.0	16.5

Tabelle A.10   Struktur des Beschäftigungseffekts der Industriegüterexporte in verschiedene Ländergruppen nach Wirtschaftszweigen, Geschlecht und Leistungsgruppen 1977: Frankreich
- in vH -

		Alle Entwick-lungs-länder	Europäische Entwicklungsländer			Außereuropäische Entwicklungsländer (ohne OPEC)				
			Gesamt	Spanien, Griechen-land, Portugal	Jugo-slawien, Türkei	Gesamt	Mittel-meer-länder	Latein-amerika	Südost-asiatische Schwellen-länder	Übrige
1	LANDW	1.8	1.9	2.1	1.6	1.8	1.8	1.9	1.6	1.8
2	HERGR.EN	1.4	1.6	1.5	1.6	1.4	1.4	1.5	1.3	1.4
3-18	VERARB	80.8	80.1	80.0	80.1	80.7	81.1	79.9	81.4	80.6
3-5	GRUNDST	15.9	18.6	18.4	19.1	16.2	16.3	17.8	14.5	15.7
3	ERZE.MET	8.5	10.0	9.4	12.3	8.4	8.9	9.0	6.6	8.1
4	BAUST	2.5	2.3	2.6	1.6	2.5	2.6	2.7	2.4	2.4
5	CHEM	4.8	6.2	6.5	5.2	5.3	4.8	6.1	5.5	5.3
6-11	INVGUET	45.6	39.5	38.3	43.3	43.5	42.7	42.8	44.1	44.3
6	METGUET	11.6	8.8	8.7	9.2	10.6	11.8	8.7	7.7	11.1
7	MB	12.4	12.0	10.3	17.6	11.1	12.1	9.9	14.9	10.3
8	BM.FEINM	1.9	2.5	2.8	1.7	2.0	1.8	2.7	4.3	1.5
9	ELT	8.1	6.1	5.9	6.6	8.1	8.8	8.8	9.7	7.0
10	KFZ	7.1	8.8	9.5	6.4	5.5	5.8	5.4	1.3	6.1
11	S.FZ	4.5	1.4	1.2	1.7	6.2	2.4	7.3	6.2	8.4
12	NG	0.2	0.2	0.2	0.2	0.2	0.2	0.2	0.2	0.2
13-18	KONGUET	19.2	21.8	23.1	17.6	20.7	21.9	19.0	22.5	20.4
13	TEX.BEKL	7.2	8.6	9.4	6.2	7.8	10.4	5.6	10.3	6.6
14	LEDER	0.9	0.8	1.0	0.4	1.0	0.8	1.1	2.1	1.1
15	HOLZ	1.5	1.5	1.6	0.9	1.3	1.2	1.6	0.5	1.3
16	PAPDRUCK	3.3	3.6	3.9	2.6	3.7	3.1	4.0	2.2	4.4
17	GUMPLAST	4.9	6.0	5.8	6.8	5.1	5.1	4.9	5.0	5.3
18	S.VERARB	1.5	1.3	1.5	0.8	1.7	1.5	1.9	2.6	1.7
19	BAUTEN	0.9	0.9	0.9	0.9	0.9	0.8	1.0	0.9	1.0
20-24	DIENSTL	15.1	15.6	15.5	15.9	15.2	14.9	15.7	14.8	15.2
20	HANDEL	5.9	6.3	6.2	6.7	5.8	6.0	5.9	5.4	5.7
21	VERKNACH	4.7	4.9	4.9	4.9	4.7	4.7	4.9	4.4	4.7
22	KREDVERS	0.1	0.1	0.1	0.1	0.1	0.1	0.1	0.1	0.1
23	SMDIENST	4.3	4.3	4.3	4.2	4.5	4.1	4.8	4.9	4.6
24	NMDIENST	0.0	0.0	0.0	0.0	0.0	0.0	0.0	0.0	0.0
1-24	INSGES.	100.0	100.0	100.0	100.0	100.0	100.0	100.0	100.0	100.0
25	MAENNER	71.6	70.8	70.1	72.9	71.0	69.9	71.6	68.5	71.9
26	FRAUEN	28.4	29.2	29.9	27.1	29.0	30.1	28.4	31.5	28.1
27	LEISTGR1	5.9	5.9	5.9	5.9	6.0	5.8	6.2	6.3	6.0
28	2	7.1	6.7	6.6	7.1	7.2	6.7	7.5	7.4	7.3
29	3	12.0	12.1	12.1	12.2	12.2	12.0	12.4	12.7	12.1
30	4	4.9	4.9	4.9	5.0	4.9	4.9	4.9	4.8	4.9
31	5	28.7	28.1	27.7	29.3	28.5	28.1	28.4	27.8	28.8
32	6	26.3	27.2	27.7	25.5	26.3	27.0	25.8	26.0	26.0
33	7	15.2	15.1	15.1	15.0	15.0	15.5	14.8	15.0	14.8

Noch: Tabelle A.10

		OPEC-Länder	VR China	RGW-Länder	Westliche Industrieländer (ohne EG)				EG-Länder	Alle Länder
					Gesamt	Japan	USA	Übrige		
1	LANDW	1.7	1.5	1.7	2.0	2.6	1.9	2.0	2.5	2.2
2	BERGB.EN	1.3	1.8	1.8	1.5	1.3	1.8	1.4	1.4	1.4
3-18	VERARB	81.5	78.6	79.0	80.4	81.2	79.1	81.1	80.7	80.6
3-5	GRUNDST	14.0	22.7	23.3	17.7	15.5	22.5	15.1	15.7	16.4
3	ERZE.MET	7.9	14.0	12.6	9.2	3.7	13.0	7.5	8.1	8.6
4	BAUST	2.7	1.0	2.3	2.5	1.8	2.5	2.7	2.4	2.5
5	CHEM	3.4	7.7	8.4	6.0	10.0	7.1	5.0	5.2	5.3
6-11	INVGUET	52.0	42.7	37.3	33.5	20.3	28.7	37.4	31.9	36.7
6	METGUET	14.7	7.7	9.7	8.2	4.2	6.4	9.6	7.7	9.1
7	MB	14.5	17.6	16.3	6.2	3.1	4.9	7.1	6.1	8.6
8	BM.FFINM	1.5	3.8	1.8	3.6	6.0	4.3	2.9	2.8	2.6
9	ELT	9.1	4.9	6.2	5.2	5.6	4.5	5.6	5.1	6.1
10	KFZ	8.6	0.9	1.6	6.2	1.0	4.4	7.8	9.2	7.7
11	S.FZ	3.6	7.8	1.7	4.1	0.3	4.2	4.4	0.9	2.6
12	NG	0.2	0.2	0.2	0.2	0.3	0.2	0.2	0.2	0.2
13-18	KONGUET	15.4	13.0	18.1	29.0	45.2	27.6	28.3	32.9	27.3
13	TEX.BEKL	5.4	8.0	7.2	12.3	26.2	10.3	12.2	16.2	12.3
14	LEDER	0.7	0.1	0.8	1.9	4.1	2.4	1.4	1.6	1.4
15	HOLZ	1.8	0.4	0.6	1.2	0.9	0.8	1.4	2.4	1.8
16	PAPDRUCK	2.4	2.1	5.3	3.3	3.4	2.6	3.7	4.0	3.7
17	GUMPLAST	4.0	2.0	3.9	6.4	3.1	7.8	5.9	7.2	6.2
18	S.VERARB	1.1	0.5	0.4	3.9	7.5	3.8	3.6	1.5	1.8
19	BAUTEN	0.9	1.0	0.9	0.9	0.8	0.9	0.9	0.8	0.9
20-24	DIENSTL	14.6	17.1	16.7	15.2	14.1	16.3	14.7	14.5	14.9
20	HANDEL	5.9	6.8	6.8	5.9	4.9	6.4	5.7	5.9	6.0
21	VERKNACH	4.5	5.1	5.4	4.7	4.3	5.0	4.5	4.5	4.6
22	KREDVERS	0.1	0.1	0.1	0.1	0.1	0.1	0.1	0.1	0.1
23	SMDIENST	4.0	5.0	4.4	4.5	4.8	4.7	4.4	4.0	4.2
24	NMDIENST	0.0	0.0	0.0	0.0	0.0	0.0	0.0	0.0	0.0
1-24	INSGES.	100.0	100.0	100.0	100.0	100.0	100.0	100.0	100.0	100.0
25	MAENNER	73.0	72.8	71.9	67.7	57.3	68.5	68.1	66.3	68.5
26	FRAUEN	27.0	27.2	28.1	32.3	42.7	31.5	31.9	33.7	31.5
27	LEISTGR1	5.8	6.4	6.3	5.8	6.1	5.9	5.7	5.5	5.7
28	2	7.0	7.9	7.0	6.5	5.4	6.7	6.5	5.9	6.4
29	3	11.7	13.0	12.9	12.1	12.9	12.3	11.9	11.7	11.9
30	4	4.9	5.1	5.0	4.7	4.3	4.8	4.7	4.7	4.8
31	5	29.2	29.9	29.6	26.8	23.6	26.8	27.1	26.2	27.2
32	6	25.9	23.6	24.3	28.8	32.1	28.3	28.8	30.3	28.5
33	7	15.5	14.1	14.9	15.3	15.6	15.3	15.3	15.8	15.5

Tabelle A.11 Struktur des Beschäftigungseffekts der Industriegüterexporte in verschiedene
Ländergruppen nach Wirtschaftszweigen, Geschlecht und Leistungsgruppen 1977:
Italien
- in vH -

		Alle Entwick-lungs-länder	Europäische Entwicklungsländer			Außereuropäische Entwicklungsländer (ohne OPEC)				
			Gesamt	Spanien, Griechen-land, Portugal	Jugo-slawien, Türkei	Gesamt	Mittel-meer-länder	Latein-amerika	Südost-asiatische Schwellen-länder	Übrige
1	LANDW	1.7	1.8	1.7	1.8	1.7	1.7	1.6	1.9	1.6
2	BERGB.EN	1.3	1.3	1.3	1.3	1.3	1.3	1.3	1.3	1.3
3-18	VERARB	84.1	83.3	83.3	83.2	83.7	83.8	83.4	84.1	83.6
3-5	GRUNDST	16.7	16.7	17.0	16.3	17.0	17.5	16.0	18.8	16.3
3	ERZE.MET	8.0	7.3	7.2	7.4	7.6	7.7	8.4	6.0	7.5
4	BAUST	4.4	3.1	3.5	2.4	3.9	4.6	2.4	6.9	3.1
5	CHEM	4.3	6.4	6.3	6.4	5.4	5.3	5.2	5.9	5.7
6-11	INVGUET	43.6	45.4	45.5	45.2	43.2	37.6	51.6	31.9	48.0
6	METGUET	11.2	8.2	8.5	7.7	9.3	9.9	8.6	6.7	10.4
7	MB	16.5	19.5	19.4	19.6	17.4	14.8	24.4	10.6	17.2
8	BM.FFINM	1.5	2.5	2.9	1.8	1.6	0.9	2.7	1.7	1.4
9	ELT	7.3	7.9	8.1	7.7	7.2	6.0	8.8	7.6	7.1
10	KFZ	5.0	6.1	5.5	7.0	4.7	3.9	4.4	2.9	7.4
11	S.FZ	2.2	1.3	1.3	1.3	2.9	2.2	2.7	2.4	4.4
12	NG	0.2	0.2	0.2	0.2	0.2	0.2	0.2	0.2	0.2
13-18	KONGUET	23.7	21.0	20.6	21.6	23.4	28.5	15.7	33.2	19.1
13	TEX.BEKL	8.5	8.2	8.4	7.9	9.6	13.9	3.5	16.3	6.2
14	LEDER	1.3	1.0	0.7	1.4	2.0	1.9	0.9	4.6	2.1
15	HOLZ	3.5	2.3	1.8	2.9	1.9	2.4	1.2	1.6	1.7
16	PAPDRUCK	1.9	2.4	2.3	2.5	2.2	2.2	2.8	1.8	1.9
17	GUMPLAST	4.3	5.4	5.3	5.5	5.1	5.5	4.0	4.3	5.9
18	S.VERARB	4.2	1.7	1.9	1.4	2.6	2.5	3.3	4.7	1.3
19	BAUTEN	0.9	1.0	1.0	1.0	1.0	0.9	1.0	0.9	1.0
20-24	DIENSTL	12.1	12.6	12.6	12.6	12.4	12.3	12.7	11.9	12.5
20	HANDEL	5.2	5.3	5.3	5.3	5.3	5.4	5.2	5.2	5.3
21	VERKNACH	4.0	4.2	4.2	4.2	4.1	3.9	4.3	3.7	4.2
22	KREDVERS	0.3	0.3	0.3	0.3	0.3	0.3	0.3	0.3	0.3
23	SMDIENST	2.6	2.9	2.9	2.9	2.7	2.6	2.9	2.7	2.8
24	NMDIENST	0.0	0.0	0.0	0.0	0.0	0.0	0.0	0.0	0.0
1-24	INSGES.	100.0	100.0	100.0	100.0	100.0	100.0	100.0	100.0	100.0
25	MAENNER	75.5	76.0	75.8	76.3	75.1	72.5	79.0	68.9	77.7
26	FRAUEN	24.5	24.0	24.2	23.7	24.9	27.5	21.0	31.2	22.3
27	LEISTGR1	4.6	5.0	5.0	5.0	4.7	4.5	5.2	4.2	4.9
28	2	6.5	7.0	7.0	7.0	6.7	6.3	7.3	6.0	6.9
29	3	5.7	5.9	5.9	5.8	5.7	5.5	6.2	5.4	5.7
30	4	2.2	2.2	2.2	2.2	2.2	2.2	2.2	2.2	2.2
31	5	27.6	27.8	27.8	27.7	27.9	28.3	27.5	28.3	27.5
32	6	31.2	30.7	30.7	30.8	31.4	32.3	29.6	32.8	31.0
33	7	22.2	21.5	21.5	21.5	21.4	20.8	21.9	21.0	21.9

Noch: Tabelle A.11

		OPEC-Länder	VR China	RGW-Länder	Westliche Industrieländer (ohne EG)				EG-Länder	Alle Länder
					Gesamt	Japan	USA	Übrige		
1	LANDW	1.6	3.0	1.4	2.0	2.0	2.1	1.9	1.9	1.8
2	BERGB.EN	1.2	1.9	1.5	1.0	0.8	1.1	1.0	1.0	1.1
3-18	VERARB	84.7	79.0	82.8	85.2	86.0	84.9	85.3	85.2	84.8
3-5	GRUNDST	16.5	27.1	20.7	13.1	8.9	14.5	12.6	13.3	14.6
3	ERZE.MET	8.5	9.0	14.1	4.8	1.5	5.8	4.5	5.0	6.3
4	BAUST	5.3	1.3	2.1	4.5	2.8	4.6	4.6	5.0	4.6
5	CHEM	2.6	16.8	4.5	3.7	4.5	4.1	3.5	3.3	3.8
6-11	INVGUET	42.9	24.5	39.3	25.2	14.8	23.6	27.3	24.8	30.9
6	METGUET	13.8	4.5	9.0	4.9	2.6	4.5	5.4	5.4	7.1
7	MB	14.4	14.6	22.0	7.4	6.0	6.2	8.3	6.7	10.4
8	BM.FFINM	0.9	1.6	1.0	2.9	3.0	3.6	2.4	1.8	1.9
9	ELT	7.0	3.0	5.6	4.1	1.7	2.7	5.2	5.5	5.8
10	KFZ	4.6	0.8	1.6	4.8	1.3	5.2	4.9	4.8	4.7
11	S.FZ	2.2	0.0	0.1	1.1	0.2	1.4	1.1	0.7	1.2
12	NG	0.1	0.4	0.2	0.2	0.2	0.2	0.2	0.2	0.2
13-18	KONGUET	25.2	27.0	22.7	46.7	62.1	46.6	45.3	46.9	39.0
13	TEX.BEKL	7.9	11.8	10.6	19.6	43.0	15.2	20.1	24.5	18.3
14	LEDER	1.1	0.8	4.0	11.8	10.8	14.9	9.8	8.4	6.8
15	HOLZ	5.1	0.6	1.0	3.4	1.8	2.7	4.0	4.1	3.6
16	PAPDPUCK	1.5	1.6	1.7	1.8	1.4	1.7	1.9	2.6	2.2
17	GUMPLAST	3.4	12.0	4.8	3.9	1.4	4.0	4.2	4.5	4.4
18	S.VERARB	6.3	0.2	0.6	6.2	3.7	8.2	5.2	2.7	3.7
19	BAUTEN	0.9	1.2	1.0	0.8	0.7	0.8	0.8	0.8	0.8
20-24	DIENSTL	11.6	14.9	13.3	11.0	10.5	11.1	11.0	11.1	11.5
20	HANDEL	5.1	6.0	6.1	5.1	5.2	5.2	5.1	5.2	5.2
21	VERKNACH	3.8	4.8	4.3	3.2	2.7	3.3	3.2	3.2	3.5
22	KREDVERS	0.3	0.3	0.3	0.3	0.3	0.3	0.3	0.3	0.3
23	SMDIENST	2.4	3.7	2.6	2.4	2.3	2.4	2.4	2.4	2.4
24	NMDIENST	0.0	0.0	0.0	0.0	0.0	0.0	0.0	0.0	0.0
1-24	INSGES.	100.0	100.0	100.0	100.0	100.0	100.0	100.0	100.0	100.0
25	MAENNER	75.5	73.7	75.5	64.0	51.0	65.3	64.4	62.9	67.3
26	FRAUEN	24.5	26.3	24.6	36.0	49.0	34.7	35.6	37.1	32.7
27	LEISTGR1	4.3	5.4	4.9	3.6	3.2	3.6	3.7	3.6	4.0
28	2	6.2	7.2	6.6	5.3	4.8	5.2	5.4	5.3	5.7
29	3	5.6	5.7	5.6	5.0	4.6	4.9	5.0	4.9	5.2
30	4	2.1	2.6	2.3	2.1	2.2	2.1	2.1	2.1	2.1
31	5	27.2	29.6	28.7	28.6	29.7	28.6	28.5	28.8	28.4
32	6	31.4	30.7	32.0	34.2	38.4	33.8	34.1	35.0	33.6
33	7	23.1	18.7	19.9	21.2	17.1	21.9	21.1	20.3	21.0

Tabelle A.12 Struktur des Beschäftigungseffekts der Industriegüterexporte in verschiedene Ländergruppen nach Wirtschaftszweigen, Geschlecht und Leistungsgruppen 1977: Vereinigtes Königreich
- in vH -

		Alle Entwicklungsländer	Europäische Entwicklungsländer			Außereuropäische Entwicklungsländer (ohne OPEC)				
			Gesamt	Spanien, Griechenland, Portugal	Jugoslawien, Türkei	Gesamt	Mittelmeerländer	Lateinamerika	Südostasiatische Schwellenländer	Übrige
1	LANDW	0.1	0.1	0.1	0.1	0.1	0.1	0.1	0.1	0.1
2	BERGB,EN	3.0	3.1	3.2	3.0	3.1	3.3	3.1	3.1	3.2
3-18	VERARB	80.7	80.5	80.4	80.8	80.5	80.3	80.8	80.6	80.3
3-5	GRUNDST	16.7	17.4	17.9	16.2	18.2	20.8	16.7	16.6	18.7
3	ERZE.MET	8.4	9.8	10.1	9.1	7.8	7.2	8.1	7.7	8.2
4	BAUST	3.5	2.1	2.2	1.7	5.2	9.7	2.5	3.1	5.4
5	CHEM	4.7	5.5	5.5	5.4	5.2	3.9	6.0	5.8	5.1
6-11	INVGUET	49.4	48.7	45.9	55.1	48.2	44.0	52.1	47.8	48.5
6	METGUET	8.9	7.3	7.3	7.3	8.0	7.5	7.5	8.5	8.4
7	MB	17.9	17.1	15.2	21.5	18.2	17.1	19.0	17.3	18.9
8	BM,FEINM	1.6	2.4	2.8	1.4	1.6	1.8	1.9	2.0	1.2
9	ELT	7.8	7.1	6.9	7.3	6.6	7.1	5.4	7.4	6.5
10	KFZ	9.7	12.2	11.6	13.8	9.4	7.2	9.1	9.9	10.5
11	S.FZ	3.6	2.5	2.1	3.7	4.4	3.3	9.1	2.6	3.0
12	NG	0.2	0.2	0.2	0.2	0.2	0.2	0.2	0.2	0.2
13-18	KONGUET	14.4	14.3	16.4	9.4	13.8	15.4	11.8	16.0	12.9
13	TEX,BEKL	5.3	5.8	7.2	2.7	5.1	6.8	3.4	5.9	4.6
14	LEDER	0.5	0.5	0.6	0.1	0.6	0.7	0.4	1.4	0.3
15	HOLZ	1.4	0.7	0.7	0.6	0.8	1.0	0.7	0.8	0.8
16	PAPDRUCK	3.3	2.6	2.7	2.4	3.4	3.0	3.3	3.5	3.7
17	GUMPLAST	2.6	3.1	3.2	2.9	2.6	2.3	2.8	2.4	2.7
18	S.VERARB	1.3	1.6	2.0	0.6	1.3	1.6	1.2	2.0	0.9
19	BAUTEN	1.0	1.0	0.9	1.1	1.1	1.1	1.1	1.0	1.1
20-24	DIENSTL	15.1	15.3	15.4	15.0	15.2	15.3	15.0	15.2	15.4
20	HANDEL	4.8	4.9	5.0	4.9	4.7	4.5	4.7	4.8	4.8
21	VERKNACH	3.6	3.5	3.6	3.4	3.8	4.1	3.5	3.6	3.8
22	KREDVERS	6.7	6.8	6.9	6.7	6.8	6.6	6.8	6.8	6.8
23	SMDIENST	0.0	0.0	0.0	0.0	0.0	0.0	0.0	0.0	0.0
24	NMDIENST	0.0	0.0	0.0	0.0	0.0	0.0	0.0	0.0	0.0
1-24	INSGES.	100.0	100.0	100.0	100.0	100.0	100.0	100.0	100.0	100.0
25	MAENNER	73.9	73.8	72.8	75.9	74.1	73.1	75.5	72.9	74.6
26	FRAUEN	26.1	26.2	27.2	24.1	25.9	26.9	24.5	27.1	25.4
27	LEISTGR1	0.0	0.0	0.0	0.0	0.0	0.0	0.0	0.0	0.0
28	2	0.0	0.0	0.0	0.0	0.0	0.0	0.0	0.0	0.0
29	3	0.0	0.0	0.0	0.0	0.0	0.0	0.0	0.0	0.0
30	4	0.0	0.0	0.0	0.0	0.0	0.0	0.0	0.0	0.0
31	5	0.0	0.0	0.0	0.0	0.0	0.0	0.0	0.0	0.0
32	6	0.0	0.0	0.0	0.0	0.0	0.0	0.0	0.0	0.0
33	7	0.0	0.0	0.0	0.0	0.0	0.0	0.0	0.0	0.0

Noch: Tabelle A.12

		OPEC-Länder	VR China	RGW-Länder	Westliche Industrieländer (ohne EG)				EG-Länder	Alle Länder
					Gesamt	Japan	USA	Obrige		
1	LANDW	0.1	0.1	0.2	0.1	0.2	0.1	0.1	0.1	0.1
2	BERGB.EN	2.9	3.1	3.7	3.4	3.2	3.3	3.4	3.2	3.2
3-18	VERARB	81.1	81.8	78.0	79.8	79.8	80.1	79.7	80.3	80.2
3-5	GRUNDST	15.0	16.8	22.8	22.2	18.7	21.4	22.8	19.2	19.4
3	ERZE.MET	8.6	8.4	10.4	7.3	7.6	8.6	6.8	8.0	8.0
4	BAUST	2.4	1.4	2.4	10.3	3.8	8.2	11.6	5.9	6.4
5	CHEM	4.1	6.9	10.0	4.6	7.3	4.5	4.5	5.3	5.0
6-11	INVGUET	50.9	57.7	37.5	37.9	36.9	41.3	36.4	39.4	42.2
6	METGUET	10.2	4.9	6.3	6.7	6.1	6.7	6.7	7.0	7.5
7	MB	17.8	12.7	18.3	14.1	13.8	14.7	13.8	12.2	14.8
8	BM.FEINM	1.4	1.4	2.4	2.6	6.5	3.1	2.1	3.2	2.5
9	ELT	9.2	6.9	4.8	5.5	6.5	5.7	5.3	5.8	6.3
10	KFZ	9.3	0.6	1.8	7.6	3.1	8.5	7.4	9.4	8.7
11	S.FZ	3.1	31.2	3.8	1.5	0.8	2.6	1.0	1.8	2.4
12	NG	0.2	0.2	0.3	0.2	0.3	0.2	0.2	0.2	0.2
13-18	KONGUET	15.0	7.2	17.4	19.6	24.0	17.2	20.3	21.4	18.4
13	TEX.BEKL	5.4	3.1	8.8	8.0	13.7	5.1	8.8	9.8	7.8
14	LEDER	0.4	0.1	1.2	0.9	1.0	0.7	1.0	0.9	0.8
15	HOLZ	2.2	0.5	0.6	1.1	0.7	1.4	1.0	1.4	1.3
16	PAPDRUCK	3.3	1.7	2.7	3.5	3.1	3.3	3.6	3.5	3.4
17	GUMPLAST	2.5	1.5	3.5	3.1	1.7	2.5	3.5	3.4	3.1
18	S.VERARB	1.3	0.2	0.7	2.9	3.8	4.2	2.3	2.4	2.2
19	BAUTEN	1.0	0.9	1.1	1.0	0.9	1.0	1.0	0.9	1.0
20-24	DIENSTL	14.9	14.0	17.0	15.6	15.8	15.5	15.7	15.5	15.4
20	HANDEL	4.9	4.2	5.0	4.5	4.7	4.6	4.5	4.7	4.7
21	VERKNACH	3.4	3.1	4.1	4.3	3.8	4.1	4.5	3.9	3.9
22	KREDVERS	6.6	6.7	7.9	6.8	7.3	6.8	6.8	6.8	6.8
23	SMDIENST	0.0	0.0	0.0	0.0	0.0	0.0	0.0	0.0	0.0
24	NMDIENST	0.0	0.0	0.0	0.0	0.0	0.0	0.0	0.0	0.0
1-24	INSGES.	100.0	100.0	100.0	100.0	100.0	100.0	100.0	100.0	100.0
25	MAENNER	73.7	77.5	71.7	71.8	67.9	73.0	71.6	71.1	72.3
26	FRAUEN	26.3	22.5	28.3	28.2	32.1	27.0	28.4	28.9	27.7
27	LEISTGR1	0.0	0.0	0.0	0.0	0.0	0.0	0.0	0.0	0.0
28	2	0.0	0.0	0.0	0.0	0.0	0.0	0.0	0.0	0.0
29	3	0.0	0.0	0.0	0.0	0.0	0.0	0.0	0.0	0.0
30	4	0.0	0.0	0.0	0.0	0.0	0.0	0.0	0.0	0.0
31	5	0.0	0.0	0.0	0.0	0.0	0.0	0.0	0.0	0.0
32	6	0.0	0.0	0.0	0.0	0.0	0.0	0.0	0.0	0.0
33	7	0.0	0.0	0.0	0.0	0.0	0.0	0.0	0.0	0.0

Tabelle A.13   Struktur des Beschäftigungseffekts der Industriegüterexporte in verschiedene
Ländergruppen nach Wirtschaftszweigen, Geschlecht und Leistungsgruppen 1977:
Niederlande
- in vH -

		Alle Entwicklungsländer	Europäische Entwicklungsländer			Außereuropäische Entwicklungsländer (ohne OPEC)				
			Gesamt	Spanien, Griechenland, Portugal	Jugoslawien, Türkei	Gesamt	Mittelmeerländer	Lateinamerika	Südostasiatische Schwellenländer	Übrige
1	LANDW	0.2	0.2	0.2	0.2	0.2	0.2	0.2	0.2	0.2
2	BERGB.EN	0.7	0.9	0.9	0.8	0.8	0.7	0.9	0.8	0.7
3-18	VERARB	85.7	84.8	84.7	85.1	85.1	85.4	84.3	84.9	85.7
3-5	GRUNDST	15.7	19.6	21.7	15.7	16.9	17.2	19.2	18.8	14.0
3	ERZE.MET	4.5	6.6	8.0	3.9	3.7	3.7	3.4	2.5	4.3
4	BAUST	2.2	1.1	1.3	0.9	2.8	5.5	1.7	6.1	1.0
5	CHEM	8.9	11.8	12.3	10.9	10.4	8.1	14.1	10.2	8.8
6-11	INVGUET	49.5	40.8	41.4	39.7	47.5	40.9	51.4	48.1	47.9
6	METGUET	5.0	3.7	3.1	4.9	4.6	4.1	6.1	4.4	3.8
7	MB	13.3	10.2	9.3	11.7	11.9	10.8	12.9	15.2	10.4
8	BM.FEINM	6.1	7.7	9.4	4.5	3.7	4.6	4.0	5.3	2.4
9	ELT	12.4	11.7	13.3	8.7	11.7	7.4	15.5	17.2	9.0
10	KFZ	2.3	2.9	3.5	1.5	2.2	1.8	0.7	1.2	4.0
11	S.FZ	10.3	4.6	2.7	8.3	13.4	12.2	12.2	4.9	18.2
12	NG	0.1	0.1	0.1	0.1	0.1	0.1	0.1	0.1	0.1
13-18	KONGUET	20.4	24.3	21.5	29.6	20.6	27.1	13.6	17.9	23.7
13	TEX.BEKL	7.4	10.3	7.5	15.6	9.0	14.5	1.9	4.4	13.5
14	LEDER	0.4	0.4	0.5	0.4	0.3	0.3	0.1	1.1	0.1
15	HOLZ	1.8	0.8	0.7	0.8	1.4	1.5	1.6	0.9	1.5
16	PAPDRUCK	3.7	3.8	4.2	3.0	3.9	3.6	4.6	3.2	3.8
17	GUMPLAST	6.2	7.8	7.2	9.0	5.1	6.1	4.4	7.3	4.3
18	S.VERARB	0.9	1.2	1.3	0.9	0.8	1.1	0.9	1.0	0.5
19	BAUTEN	2.3	2.2	2.2	2.2	2.4	2.2	2.6	2.4	2.3
20-24	DIENSTL	11.1	11.9	12.0	11.6	11.5	11.5	11.9	11.7	11.0
20	HANDEL	6.1	6.5	6.5	6.4	6.3	6.5	6.3	6.4	6.1
21	VERKNACH	1.9	2.0	2.1	2.0	2.0	1.9	2.1	2.0	1.9
22	KREDVERS	0.4	0.4	0.4	0.4	0.4	0.4	0.4	0.4	0.4
23	SMDIENST	2.5	2.8	2.8	2.7	2.6	2.5	2.9	2.6	2.5
24	NMDIENST	0.2	0.2	0.2	0.2	0.2	0.2	0.2	0.2	0.2
1-24	INSGES.	100.0	100.0	100.0	100.0	100.0	100.0	100.0	100.0	100.0
25	MAENNER	84.9	83.1	83.6	82.1	84.6	83.0	86.4	85.1	83.9
26	FRAUEN	15.1	16.9	16.4	17.9	15.4	17.0	13.6	14.9	16.1
27	LEISTGR1	5.4	5.5	5.8	5.0	5.3	4.7	6.1	6.1	4.8
28	2	7.1	7.3	7.6	6.7	6.9	6.4	7.6	7.4	6.5
29	3	16.2	16.6	17.0	15.8	16.0	15.2	17.0	16.5	15.4
30	4	3.8	3.8	3.8	3.8	3.8	3.8	3.8	3.7	3.9
31	5	28.2	26.2	25.6	27.2	28.5	28.0	28.7	27.1	29.1
32	6	29.3	30.2	29.8	30.7	29.4	31.2	27.1	29.1	30.4
33	7	10.0	10.5	10.3	10.7	10.1	10.7	9.7	10.0	10.0

Noch: Tabelle A.13

		OPEC-Länder	VR China	RGW-Länder	Westliche Industrieländer (ohne EG)				EG-Länder	Alle Länder
					Gesamt	Japan	USA	Übrige		
1	LANDW	0.2	0.4	0.3	0.2	0.3	0.2	0.2	0.2	0.2
2	BERGB.EN	0.5	1.5	0.8	0.8	1.0	1.0	0.7	0.7	0.7
3-18	VERARB	86.9	80.4	84.5	85.3	83.4	83.4	86.1	85.1	85.2
3- 5	GRUNDST	11.4	33.9	15.8	20.0	26.9	33.4	14.3	17.1	17.3
3	ERZE.MET	4.1	6.8	3.8	7.0	2.8	14.2	4.4	6.3	6.0
4	BAUST	2.2	0.8	0.9	3.9	10.0	6.7	2.4	2.8	2.8
5	CHEM	5.1	26.3	11.1	9.1	14.1	12.5	7.5	8.0	8.4
6-11	INVGUET	58.1	15.4	26.6	42.6	33.9	35.5	46.0	30.8	35.4
6	METGUET	6.5	2.4	3.4	5.7	3.2	4.1	6.5	4.4	4.7
7	MB	17.4	3.7	16.2	9.8	13.0	1.7	8.8	6.2	8.2
8	BM.FEINM	7.8	2.5	3.4	10.0	7.3	6.9	11.4	7.9	7.7
9	ELT	13.7	2.6	3.3	11.6	9.2	9.4	12.7	7.5	8.8
10	KFZ	2.1	0.1	0.2	2.4	0.9	0.5	3.3	3.4	3.0
11	S.FZ	10.6	4.0	0.2	3.1	0.2	3.0	3.3	1.3	3.0
12	NG	0.1	0.2	0.2	0.1	0.1	0.1	0.1	0.1	0.1
13-18	KONGUET	17.3	30.9	42.0	22.6	22.5	14.4	25.7	37.1	32.4
13	TEX.BEKL	3.3	1.1	26.1	7.5	11.7	4.3	8.5	13.5	12.0
14	LEDER	0.6	0.4	1.6	0.4	0.3	0.1	0.4	0.9	0.8
15	HOLZ	2.9	0.6	0.6	1.5	0.7	1.0	1.7	2.7	2.3
16	PAPDRUCK	3.3	3.8	3.9	4.6	3.1	4.0	5.0	7.7	6.5
17	GUMPLAST	6.4	24.9	8.8	7.0	5.4	2.9	8.7	10.6	9.3
18	S.VERARB	0.8	0.1	1.0	1.6	1.3	2.2	1.4	1.6	1.5
19	BAUTEN	2.2	2.7	2.1	2.1	2.3	2.3	2.0	1.9	2.0
20-24	DIENSTL	10.2	15.0	12.3	11.7	13.0	13.0	11.0	12.0	11.8
20	HANDEL	5.7	7.9	6.8	6.5	7.3	7.4	6.1	6.6	6.5
21	VERKNACH	1.8	2.5	2.0	2.0	2.2	2.2	1.9	2.0	2.0
22	KREDVERS	0.4	0.5	0.4	0.4	0.4	0.5	0.4	0.4	0.4
23	SMDIENST	2.1	3.9	2.9	2.6	2.9	2.7	2.5	2.8	2.7
24	NMDIENST	0.2	0.2	0.2	0.2	0.3	0.2	0.2	0.2	0.2
1-24	INSGES.	100.0	100.0	100.0	100.0	100.0	100.0	100.0	100.0	100.0
25	MAENNER	86.5	85.4	78.1	83.9	82.5	85.4	83.4	81.6	82.4
26	FRAUEN	13.5	14.6	21.9	16.1	17.5	14.6	16.6	18.4	17.6
27	LEISTGR1	5.4	5.3	4.3	5.4	5.5	5.5	5.4	4.8	5.0
28	2	7.1	7.3	6.4	7.3	7.2	7.3	7.3	6.8	6.9
29	3	16.2	17.6	15.5	16.5	16.2	17.2	16.2	15.9	16.0
30	4	3.7	4.2	3.8	3.7	3.8	3.8	3.7	3.7	3.7
31	5	29.3	25.1	26.2	26.2	25.5	26.5	26.2	25.5	26.1
32	6	28.5	27.1	32.5	30.2	30.9	29.2	30.6	31.7	31.1
33	7	9.6	13.4	11.3	10.6	11.0	10.5	10.6	11.7	11.3

Tabelle A.14 Struktur des Beschäftigungseffekts der Industriegüterexporte in verschiedene Ländergruppen nach Wirtschaftszweigen, Geschlecht und Leistungsgruppen 1977:
Belgien
- in vH -

		Alle Entwicklungsländer	Europäische Entwicklungsländer			Außereuropäische Entwicklungsländer (ohne OPEC)				
			Gesamt	Spanien, Griechenland, Portugal	Jugoslawien, Türkei	Gesamt	Mittelmeerländer	Lateinamerika	Südostasiatische Schwellenländer	Übrige
1	LANDW	0.3	0.3	0.3	0.2	0.2	0.2	0.3	0.2	0.2
2	BERGB,EN	1.7	2.0	2.2	1.6	1.8	1.7	1.7	1.9	1.8
3-18	VERARB	83.5	82.2	81.8	83.2	83.0	83.9	82.6	82.3	82.9
3-5	GRUNDST	30.6	29.4	33.9	18.4	40.6	40.3	28.1	53.0	40.0
3	ERZE,MET	7.6	12.3	13.9	8.4	4.8	4.9	6.8	2.3	5.2
4	BAUST	17.6	9.0	11.7	2.4	29.9	32.4	10.8	43.1	29.5
5	CHEM	5.4	8.2	8.4	7.6	5.9	3.0	10.5	7.5	5.3
6-11	INVGUET	30.8	29.7	24.0	43.6	24.4	17.9	36.5	17.6	27.8
6	METGUET	7.9	6.1	5.1	8.8	6.1	5.4	6.7	3.8	7.7
7	MB	11.5	13.0	9.4	21.8	9.2	5.9	17.5	5.6	10.1
8	BM,FEINM	2.6	4.0	3.5	5.2	2.4	2.4	3.5	2.3	2.0
9	ELT	6.1	3.9	2.8	6.5	4.3	2.5	6.4	5.2	4.4
10	KFZ	2.2	2.4	2.9	1.1	1.4	1.5	2.0	0.2	1.8
11	S.FZ	0.6	0.3	0.4	0.2	0.9	0.2	0.5	0.5	1.8
12	NG	0.1	0.2	0.2	0.2	0.1	0.1	0.2	0.1	0.1
13-18	KONGUET	21.9	22.9	23.7	21.0	17.9	25.6	17.7	11.6	15.0
13	TEX,BEKL	14.6	11.5	12.1	10.1	12.0	20.7	8.6	7.5	8.6
14	LEDER	0.5	0.5	0.6	0.1	0.3	0.3	0.1	0.5	0.3
15	HOLZ	1.1	0.5	0.6	0.4	0.7	0.8	0.6	0.6	0.7
16	PAPDRUCK	2.6	3.4	3.6	3.0	2.7	1.9	4.2	2.2	3.1
17	GUMPLAST	2.5	5.7	5.2	6.7	1.6	1.2	3.2	0.7	1.7
18	S.VERARB	0.7	1.3	1.5	0.7	0.6	0.6	1.1	0.1	0.6
19	BAUTEN	0.7	0.7	0.8	0.7	0.7	0.6	0.7	0.7	0.7
20-24	DIENSTL	13.9	14.8	15.0	14.3	14.3	13.6	14.7	14.9	14.5
20	HANDEL	4.4	4.4	4.5	4.2	4.3	4.3	4.3	4.3	4.4
21	VERKNACH	5.8	6.1	6.4	5.5	6.3	6.0	5.9	6.8	6.3
22	KREDVERS	0.3	0.3	0.3	0.3	0.3	0.2	0.3	0.3	0.3
23	SMDIENST	3.5	4.0	3.8	4.4	3.5	3.0	4.2	3.5	3.5
24	NMDIENST	0.0	0.0	0.0	0.0	0.0	0.0	0.0	0.0	0.0
1-24	INSGES.	100.0	100.0	100.0	100.0	100.0	100.0	100.0	100.0	100.0
25	MAENNER	76.0	77.0	77.1	76.8	77.9	74.2	77.9	80.1	79.8
26	FRAUEN	24.0	23.0	22.9	23.2	22.1	25.8	22.1	19.9	20.2
27	LEISTGR1	4.5	4.8	4.6	5.3	4.4	4.0	5.1	4.4	4.4
28	2	6.1	6.6	6.3	7.4	5.8	5.1	7.2	5.7	5.9
29	3	7.3	7.7	7.5	8.2	7.2	6.4	8.2	7.2	7.4
30	4	2.7	2.9	2.9	3.0	2.7	2.5	3.0	2.7	2.8
31	5	23.8	23.9	23.5	24.7	23.4	23.0	24.4	22.1	24.0
32	6	31.2	30.6	31.3	28.9	31.4	33.3	29.1	31.3	30.8
33	7	24.4	23.5	23.9	22.4	25.1	25.8	23.1	26.5	24.8

Noch: Tabelle A.14

		OPEC-Länder	VR China	RGW-Länder	Westliche Industrieländer (ohne EG)				EG-Länder	Alle Länder
					Gesamt	Japan	USA	Übrige		
1	LANDW	0.3	0.4	0.3	0.2	0.3	0.2	0.3	0.4	0.4
2	BERGB,EN	1.4	3.6	2.4	1.9	1.9	2.3	1.6	1.6	1.7
3-18	VERARB	84.8	76.3	81.6	82.7	81.9	81.4	83.7	83.8	83.6
3-5	GRUNDST	16.9	52.1	31.5	34.9	51.7	49.2	24.0	21.8	24.9
3	ERZE,MET	9.0	23.4	20.1	10.0	1.2	14.0	7.9	9.7	9.7
4	BAUST	4.7	1.2	2.2	19.9	39.7	31.4	10.7	6.9	9.9
5	CHEM	3.2	27.6	9.3	5.0	10.7	3.8	5.4	5.2	5.3
6-11	INVGUET	40.6	8.5	22.2	25.6	15.9	18.1	31.3	24.4	25.4
6	METGUET	11.5	3.1	6.1	4.3	3.3	4.1	4.4	4.9	5.3
7	MB	13.8	3.3	7.1	6.0	3.8	4.1	7.5	4.2	5.5
8	BM,FEINM	1.9	1.0	4.6	4.9	6.7	5.8	4.2	2.2	2.6
9	ELT	10.0	1.1	3.7	3.7	1.8	1.1	5.6	4.8	4.8
10	KFZ	3.1	0.1	0.5	6.4	0.2	2.7	9.3	8.1	6.8
11	S.FZ	0.4	0.0	0.1	0.3	0.0	0.4	0.3	0.2	0.3
12	NG	0.1	0.3	0.2	0.1	0.2	0.1	0.1	0.1	0.1
13-18	KONGUET	27.2	15.3	27.7	22.1	14.1	13.9	28.2	37.5	33.1
13	TEX,REKL	20.0	1.7	18.2	13.6	7.6	8.6	17.4	22.5	20.1
14	LEDER	0.7	0.1	0.7	0.5	0.8	0.5	0.5	0.9	0.8
15	HOLZ	1.9	0.2	0.3	0.8	0.8	0.7	1.0	3.0	2.4
16	PAPDRUCK	2.0	3.4	3.9	3.1	2.7	2.1	3.8	6.1	5.2
17	GUMPLAST	2.1	9.9	4.1	2.9	0.9	1.2	4.3	4.2	3.8
18	S.VERARB	0.6	0.0	0.6	1.1	1.3	0.9	1.2	0.9	0.9
19	BAUTEN	0.6	1.0	0.8	0.7	0.7	0.7	0.6	0.7	0.7
20-24	DIENSTL	12.8	18.7	14.9	14.5	15.3	15.4	13.9	13.5	13.7
20	HANDEL	4.3	5.0	4.5	4.5	4.1	4.5	4.4	4.5	4.5
21	VERKNACH	5.0	8.3	6.2	6.2	6.8	7.0	5.6	5.5	5.7
22	KREDVERS	0.2	0.4	0.3	0.3	0.3	0.2	0.3	0.3	0.3
23	SMDIENST	3.3	5.0	3.9	3.6	4.1	3.6	3.6	3.2	3.3
24	NMDIENST	0.0	0.0	0.0	0.0	0.0	0.0	0.0	0.0	0.0
1-24	INSGES.	100.0	100.0	100.0	100.0	100.0	100.0	100.0	100.0	100.0
25	MAENNER	72.5	81.9	73.9	76.5	78.8	80.5	73.6	71.2	72.6
26	FRAUEN	27.5	18.1	26.1	23.5	21.2	19.5	26.4	28.8	27.4
27	LEISTGR1	4.5	5.0	4.6	4.5	4.9	4.4	4.5	4.1	4.2
28	2	6.2	7.7	6.3	5.8	6.2	5.5	6.1	5.6	5.7
29	3	7.3	9.3	7.4	6.9	7.1	6.8	7.1	6.8	6.9
30	4	2.7	3.6	2.9	2.7	2.7	2.8	2.7	2.6	2.6
31	5	24.4	19.5	22.8	23.5	22.4	23.2	23.7	23.3	23.4
32	6	31.2	29.4	31.7	32.4	31.0	32.5	32.4	33.2	32.8
33	7	23.8	25.5	24.3	24.1	25.8	24.3	23.6	24.4	24.4

Tabelle A.15 Struktur des Beschäftigungseffekts der Industriegüterimporte aus verschiedenen
Ländergruppen nach Wirtschaftszweigen, Geschlecht und Leistungsgruppen 1977:
Bundesrepublik Deutschland
- in vH -

		Alle Entwicklungsländer	Europäische Entwicklungsländer			Außereuropäische Entwicklungsländer (ohne OPEC)				
			Gesamt	Spanien, Griechenland, Portugal	Jugoslawien, Türkei	Gesamt	Mittelmeerländer	Lateinamerika	Südostasiatische Schwellenländer	Übrige
1	LANDW	1.9	1.8	1.7	1.8	2.0	1.6	1.8	1.8	2.8
2	BERGB,EN	1.6	1.6	1.7	1.4	1.6	1.6	2.1	1.2	2.0
3-18	VERARB	81.0	81.1	80.5	82.3	81.0	82.1	78.3	82.9	78.7
3-5	GRUNDST	12.4	11.9	13.1	9.5	12.6	16.7	19.3	6.8	17.2
3	ERZE,MET	7.0	6.3	7.3	4.2	7.1	3.8	13.9	3.0	11.3
4	BAUST	2.3	2.2	2.3	2.1	2.5	8.5	1.8	1.2	2.9
5	CHEM	3.1	3.4	3.5	3.2	3.0	4.4	3.5	2.6	3.0
6-11	INVGUET	13.6	17.4	18.8	14.7	12.1	7.4	10.3	17.1	4.9
6	METGUET	2.8	3.3	3.5	3.1	2.6	1.7	2.0	3.2	2.3
7	MB	2.7	4.4	4.9	3.5	1.8	1.5	4.1	1.1	1.4
8	BM,FFINM	1.3	0.9	0.9	1.1	1.6	1.7	0.5	2.6	0.2
9	ELT	5.2	5.4	5.4	5.5	5.4	2.2	1.3	9.9	0.6
10	KFZ	1.3	2.8	3.7	1.2	0.5	0.2	1.8	0.1	0.2
11	S.FZ	0.3	0.4	0.5	0.3	0.2	0.2	0.6	0.1	0.3
12	NG	0.3	0.3	0.4	0.3	0.3	0.3	0.4	0.3	0.4
13-18	KONGUET	54.6	51.5	48.2	57.7	56.0	57.7	48.4	58.8	56.2
13	TEX,BEKL	38.9	35.5	30.6	44.8	39.9	47.7	32.9	42.1	37.7
14	LEDER	4.6	6.0	7.0	4.2	4.2	2.8	6.5	4.2	2.7
15	HOLZ	4.5	3.0	2.9	3.2	5.3	1.2	3.6	3.9	11.6
16	PAPDRUCK	3.1	3.8	4.1	3.1	2.8	2.9	3.6	2.6	2.3
17	GUMPLAST	1.6	2.2	2.5	1.7	1.4	1.4	1.1	1.7	0.9
18	S.VERARB	1.9	0.9	1.1	0.7	2.6	1.6	0.6	4.3	1.0
19	BAUTEN	0.5	0.5	0.6	0.5	0.5	0.5	0.6	0.5	0.5
20-24	DIENSTL	14.9	15.0	15.6	14.0	14.9	14.1	17.2	13.5	16.0
20	HANDEL	9.5	9.6	9.9	8.9	9.4	8.7	11.1	8.5	10.2
21	VERKNACH	3.4	3.4	3.5	3.2	3.4	3.4	4.0	3.0	3.8
22	KREDVERS	0.3	0.3	0.3	0.3	0.3	0.3	0.3	0.3	0.3
23	SMDIENST	1.8	1.8	1.8	1.7	1.7	1.7	1.9	1.7	1.8
24	NMDIENST	0.0	0.0	0.0	0.0	0.0	0.0	0.0	0.0	0.0
1-24	INSGES.	100.0	100.0	100.0	100.0	100.0	100.0	100.0	100.0	100.0
25	MAENNER	54.0	55.3	57.2	51.7	53.4	51.0	57.8	50.6	57.0
26	FRAUEN	46.0	44.7	42.8	48.3	46.6	49.0	42.2	49.4	43.0
27	LEISTGR1	4.7	4.9	5.1	4.6	4.6	4.3	5.0	4.7	4.4
28	2	8.3	8.5	8.6	8.3	8.3	8.2	8.1	8.6	7.7
29	3	5.8	5.9	5.9	5.9	5.8	5.8	5.7	6.0	5.5
30	4	2.9	2.9	2.9	2.9	2.9	2.9	2.9	2.9	3.0
31	5	21.9	22.7	23.6	21.0	21.6	20.1	23.3	20.5	23.2
32	6	36.4	35.8	34.9	37.4	36.6	38.6	36.2	36.4	36.5
33	7	19.9	19.4	19.1	19.9	20.2	20.1	18.9	20.9	19.7

Noch: Tabelle A.15

		OPEC-Länder	VR China	RGW-Länder	Westliche Industrieländer (ohne EG)				EG-Länder	Alle Länder
					Gesamt	Japan	USA	Übrige		
1	LANDW	1.9	1.9	2.7	1.8	0.9	1.6	2.2	1.6	1.8
2	BERGB,EN	1.8	1.4	2.3	2.0	1.9	1.8	2.1	2.1	2.0
3-18	VERARB	80.5	82.6	76.8	79.0	79.7	79.9	78.4	78.8	79.1
3-5	GRUNDST	14.3	10.3	22.2	16.8	15.7	14.9	18.0	18.2	17.2
3	ERZE,MET	10.3	2.3	11.8	9.9	10.2	6.7	11.3	8.9	9.0
4	BAUST	1.0	1.5	3.2	2.4	3.0	2.2	2.3	3.6	3.1
5	CHEM	2.9	6.5	7.3	4.5	2.5	6.1	4.4	5.7	5.1
6-11	INVGUET	8.2	3.9	12.1	33.3	49.0	43.0	24.4	29.0	27.3
6	METGUET	1.6	2.5	3.5	4.8	5.3	4.6	4.8	4.8	4.5
7	MB	3.3	0.7	3.3	9.3	6.8	11.5	8.9	7.2	7.0
8	BM,FEINM	0.5	0.2	0.4	5.5	9.1	9.7	2.6	2.9	3.3
9	ELT	2.0	0.3	3.0	10.1	19.7	11.6	6.7	6.2	7.0
10	KFZ	0.8	0.1	1.3	1.5	3.3	1.5	1.0	6.3	4.1
11	S.FZ	0.0	0.0	0.6	2.1	4.7	4.0	0.5	1.6	1.5
12	NG	0.3	0.4	0.5	0.4	0.3	0.4	0.4	0.4	0.4
13-18	KONGUET	57.7	68.0	41.9	28.5	14.8	21.6	35.5	31.2	34.2
13	TEX,BEKL	49.2	49.4	22.8	7.8	3.9	5.3	10.1	14.0	16.2
14	LFDER	1.1	4.1	2.2	0.8	0.7	0.4	1.1	2.6	2.4
15	HOLZ	4.3	2.0	8.9	3.8	1.0	3.0	4.9	2.7	3.5
16	PAPDRUCK	2.2	2.8	5.1	11.2	3.5	6.9	15.4	5.2	6.5
17	GUMPLAST	0.7	1.0	1.9	2.9	2.5	3.6	2.7	5.3	4.0
18	S.VERARB	0.2	8.7	1.0	2.0	3.2	2.4	1.4	1.4	1.7
19	BAUTEN	0.5	0.5	0.7	0.6	0.7	0.7	0.6	0.6	0.6
20-24	DIENSTL	15.3	13.5	17.6	16.5	16.8	16.0	16.7	16.9	16.5
20	HANDEL	9.9	8.4	11.0	10.3	10.6	10.0	10.4	10.7	10.4
21	VERKNACH	3.5	3.2	4.2	3.8	3.8	3.7	3.9	3.9	3.8
22	KREDVERS	0.3	0.3	0.3	0.3	0.3	0.3	0.3	0.3	0.3
23	SMDIENST	1.7	1.6	2.0	2.1	2.1	2.0	2.1	2.0	2.0
24	NMDIENST	0.0	0.0	0.0	0.0	0.0	0.0	0.0	0.0	0.0
1-24	INSGES.	100.0	100.0	100.0	100.0	100.0	100.0	100.0	100.0	100.0
25	MAENNER	52.4	47.4	62.9	67.5	68.6	68.2	66.8	65.9	64.5
26	FRAUEN	47.6	52.6	37.1	32.5	31.4	31.8	33.2	34.1	35.5
27	LEISTGR1	4.5	4.0	5.5	6.7	7.4	7.1	6.3	6.1	6.0
28	2	7.8	8.2	9.1	10.7	11.1	11.5	10.2	9.9	9.8
29	3	5.6	5.9	5.9	6.7	6.7	7.0	6.5	6.2	6.3
30	4	3.0	3.0	3.0	2.8	2.8	2.9	2.8	2.9	2.9
31	5	20.9	19.3	24.8	27.4	27.6	27.5	27.2	26.7	26.1
32	6	38.7	39.1	33.1	27.9	25.7	26.3	29.3	30.4	30.7
33	7	19.5	20.5	18.6	17.9	18.7	17.5	17.8	17.8	18.2

Tabelle A. 16 Struktur des Beschäftigungseffekts der Industriegüterimporte aus verschiedenen Ländergruppen nach Wirtschaftszweigen, Geschlecht und Leistungsgruppen 1977:
Frankreich
- in vH -

		Alle Entwicklungsländer	Europäische Entwicklungsländer			Außereuropäische Entwicklungsländer (ohne OPEC)				
			Gesamt	Spanien, Griechenland, Portugal	Jugoslawien, Türkei	Gesamt	Mittelmeerländer	Lateinamerika	Südostasiatische Schwellenländer	Übrige
1	LANDW	4.9	3.3	3.3	3.3	5.3	3.2	2.7	6.4	6.1
2	BERGB.EN	1.3	1.3	1.3	1.0	1.3	1.1	1.6	0.9	1.5
3-18	VERARB	79.5	80.5	80.4	81.6	79.6	83.1	80.5	80.1	77.7
3-5	GRUNDST	14.1	13.3	13.8	8.9	14.9	14.6	19.4	6.7	19.6
3	ERZE.MET	8.7	8.0	8.3	5.3	9.2	1.2	14.1	4.2	14.1
4	BAUST	2.7	2.9	3.1	1.2	2.7	6.8	1.5	1.2	2.7
5	CHEM	2.7	2.4	2.4	2.5	3.0	6.6	3.8	1.3	2.7
6-11	INVGUET	18.5	32.0	31.4	37.3	9.8	6.5	8.1	19.7	4.0
6	METGUET	5.0	8.0	8.1	7.0	3.1	2.1	2.6	4.7	2.3
7	MB	2.1	4.0	4.0	3.9	0.8	1.1	1.0	0.7	0.6
8	BM.FEINM	1.3	1.2	1.3	0.6	1.4	0.4	0.9	3.8	0.2
9	ELT	3.8	4.2	3.9	7.1	3.9	2.4	1.5	10.1	0.5
10	KFZ	5.1	12.0	12.5	7.8	0.3	0.2	1.3	0.1	0.2
11	S.FZ	1.3	2.7	1.7	11.0	0.3	0.3	0.9	0.2	0.2
12	NG	0.2	0.2	0.2	0.2	0.2	0.2	0.2	0.2	0.2
13-18	KONGUET	46.7	35.0	35.0	35.2	54.8	61.9	52.8	53.5	53.9
13	TEX.BEKL	26.2	15.7	14.5	26.2	35.1	50.3	36.0	24.3	37.2
14	LEDER	4.2	3.5	3.8	0.8	4.9	3.3	9.3	5.9	3.1
15	HOLZ	8.0	4.6	4.7	4.0	8.2	1.1	1.4	12.0	10.4
16	PAPDRUCK	3.4	5.2	5.6	1.6	2.3	4.0	4.3	1.9	1.3
17	GUMPLAST	2.6	4.2	4.5	1.6	1.6	1.9	1.2	2.4	0.9
18	S.VERARB	2.3	1.8	1.9	0.9	2.8	1.4	0.7	6.9	1.0
19	BAUTEN	0.7	0.8	0.8	0.9	0.6	0.7	0.7	0.6	0.7
20-24	DIENSTL	13.5	14.1	14.2	13.2	13.2	12.0	14.5	12.0	14.0
20	HANDEL	6.1	6.0	6.1	5.2	6.1	4.6	6.7	5.2	7.0
21	VERKNACH	4.1	4.4	4.5	3.7	3.9	3.8	4.5	3.3	4.1
22	KREDVERS	0.1	0.1	0.1	0.1	0.1	0.1	0.1	0.1	0.1
23	SMDIENST	3.3	3.6	3.5	4.2	3.1	3.4	3.2	3.4	2.7
24	NMDIENST	0.0	0.0	0.0	0.0	0.0	0.0	0.0	0.0	0.0
1-24	INSGES.	100.0	100.0	100.0	100.0	100.0	100.0	100.0	100.0	100.0
25	MAENNER	61.0	66.7	67.1	63.3	56.3	49.8	56.0	57.7	57.8
26	FRAUEN	39.0	33.3	32.9	36.7	43.7	50.2	44.0	42.3	42.2
27	LEISTGR1	4.7	5.0	5.0	5.1	4.5	4.8	4.4	5.0	4.1
28	2	4.4	5.5	5.4	6.3	3.8	3.5	3.9	4.3	3.4
29	3	10.7	10.9	10.9	10.9	10.7	11.2	10.8	11.1	10.3
30	4	4.4	4.6	4.6	4.6	4.2	4.1	4.4	4.1	4.4
31	5	24.5	26.4	26.5	25.7	23.1	22.3	24.3	22.5	23.4
32	6	33.9	31.6	31.5	32.0	35.8	37.9	35.7	34.2	36.3
33	7	17.3	16.0	16.1	15.3	17.8	16.1	16.4	19.0	18.2

Noch: Tabelle A. 16

		OPEC-Länder	VR China	RGW-Länder	Westliche Industrieländer (ohne EG)				EG-Länder	Alle Länder
					Gesamt	Japan	USA	Obrige		
1	LANDW	15.6	3.4	6.0	2.5	1.3	1.9	3.5	2.5	2.9
2	BERGB.EN	1.2	0.9	1.5	1.3	1.1	1.3	1.3	1.5	1.4
3-18	VERARB	69.9	84.3	77.5	80.0	81.5	80.6	79.0	80.3	80.1
3-5	GRUNDST	11.8	8.0	18.0	13.1	9.4	13.3	14.0	17.3	16.0
3	ERZE.MET	8.8	1.2	6.6	5.6	5.2	4.8	6.4	8.8	8.0
4	BAUST	0.6	1.8	1.3	2.0	1.6	1.7	2.4	3.3	2.9
5	CHEM	2.4	5.0	10.1	5.5	2.7	6.8	5.2	5.1	5.1
6-11	INVGUET	3.9	4.0	14.1	37.8	56.0	45.0	26.0	32.5	31.5
6	METGUET	2.4	2.1	4.4	7.2	8.4	7.6	6.4	8.4	7.6
7	MB	0.7	0.5	3.3	8.4	6.0	10.5	7.4	8.4	7.5
8	BM.FEINM	0.1	0.8	0.8	6.9	11.6	9.6	3.1	3.0	3.6
9	ELT	0.4	0.4	3.1	9.3	15.8	11.9	5.1	6.6	6.8
10	KFZ	0.2	0.1	2.0	2.0	5.5	1.4	1.5	5.3	4.5
11	S.FZ	0.1	0.1	0.5	4.0	8.7	3.9	2.5	0.9	1.6
12	NG	0.3	0.3	0.3	0.2	0.2	0.2	0.2	0.2	0.2
13-18	KONGUFT	53.8	72.0	45.0	28.9	15.8	22.1	38.7	30.3	32.4
13	TEX.BEKL	13.5	47.6	25.6	10.0	3.2	7.5	14.3	12.1	13.8
14	LEDER	2.0	11.8	2.3	0.5	0.5	0.3	0.6	1.6	1.7
15	HOLZ	35.9	1.8	9.7	2.5	0.7	1.0	4.4	2.4	3.3
16	PAPDRUCK	1.0	1.9	3.8	9.6	3.3	5.6	15.0	5.1	5.8
17	GUMPLAST	1.1	1.4	2.0	3.7	3.4	4.7	2.9	7.5	6.0
18	S.VERARB	0.4	7.5	1.7	2.6	4.7	2.9	1.6	1.6	1.9
19	BAUTEN	0.6	0.6	0.8	0.8	1.0	0.9	0.8	0.8	0.8
20-24	DIENSTL	12.8	10.9	14.3	15.4	15.1	15.4	15.4	15.0	14.9
20	HANDEL	6.9	4.4	5.8	5.5	5.0	5.2	5.8	6.0	5.9
21	VERKNACH	3.3	3.1	4.3	5.0	4.4	4.7	5.4	4.8	4.7
22	KREDVERS	0.1	0.1	0.1	0.1	0.1	0.1	0.1	0.1	0.1
23	SMDIENST	2.5	3.3	4.0	4.8	5.6	5.4	4.0	4.1	4.1
24	NMDIENST	0.0	0.0	0.0	0.0	0.0	0.0	0.0	0.0	0.0
1-24	INSGES.	100.0	100.0	100.0	100.0	100.0	100.0	100.0	100.0	100.0
25	MAENNER	67.2	46.7	60.9	67.3	69.5	67.8	66.2	67.9	66.7
26	FRAUEN	32.8	53.3	39.1	32.7	30.5	32.2	33.8	32.1	33.3
27	LEISTGR1	4.5	4.5	5.6	6.7	6.8	7.1	6.4	5.8	5.9
28	2	3.0	2.9	4.8	6.9	8.5	7.7	5.7	6.1	6.1
29	3	9.5	10.8	11.9	13.3	13.2	13.7	12.9	12.1	12.2
30	4	4.0	3.9	4.4	4.6	4.6	4.5	4.5	4.7	4.6
31	5	22.9	21.5	24.4	27.1	26.5	26.3	27.6	27.0	26.6
32	6	32.1	39.7	31.9	26.0	25.3	24.3	27.2	28.4	28.6
33	7	23.9	16.7	17.0	15.5	15.1	15.3	15.7	16.0	16.1

Tabelle A.17   Struktur des Beschäftigungseffekts der Industriegüterimporte aus verschiedenen Ländergruppen nach Wirtschaftszweigen, Geschlecht und Leistungsgruppen 1977:
Italien
- in vH -

		Alle Entwick-lungs-länder	Europäische Entwicklungsländer			Außereuropäische Entwicklungsländer (ohne OPEC)				Übrige
			Gesamt	Spanien, Griechen-land, Portugal	Jugo-slawien, Türkei	Gesamt	Mittel-meer-länder	Latein-amerika	Südost-asiatische Schwellen-länder	
1	LANDW	2.4	2.6	2.0	3.5	2.2	2.3	1.7	1.9	2.8
2	BERGB.EN	1.0	1.2	1.3	1.0	1.0	1.2	1.2	0.8	0.9
3-18	VERARB	84.7	83.8	83.2	84.6	85.1	84.0	84.4	86.6	85.3
3- 5	GRUNDST	13.9	15.8	18.0	13.0	13.1	15.2	16.8	7.9	12.6
3	ERZE.MET	8.6	8.7	10.7	5.9	8.6	3.2	12.8	4.5	9.2
4	BAUST	1.7	2.5	2.1	3.1	1.3	2.3	0.8	1.6	1.2
5	CHEM	3.7	4.6	5.1	4.0	3.2	9.6	3.2	1.7	2.2
6-11	INVGUET	12.7	20.6	29.6	8.6	9.3	6.8	9.0	21.2	3.3
6	METGUET	2.0	3.5	4.7	2.0	1.4	1.2	1.3	2.5	0.8
7	MB	2.0	3.3	4.4	1.8	1.4	1.5	3.0	0.8	0.4
8	BM.FEINM	0.8	0.9	1.3	0.2	0.8	0.3	0.6	2.3	0.1
9	ELT	4.4	4.9	5.8	3.6	4.5	1.7	0.7	15.4	1.8
10	KFZ	2.4	7.4	12.2	1.0	0.1	0.3	0.1	0.1	0.1
11	S.FZ	1.2	0.7	1.2	0.1	1.3	1.9	3.2	0.1	0.1
12	NG	0.2	0.2	0.2	0.2	0.2	0.2	0.2	0.1	0.2
13-18	KONGUET	57.9	47.2	35.5	62.8	62.6	61.6	58.5	57.4	69.2
13	TEX.BEKL	34.0	22.6	17.3	29.7	39.3	56.1	43.0	36.4	33.0
14	LEDER	7.3	2.8	4.6	0.5	9.7	0.8	11.0	2.6	15.7
15	HOLZ	11.0	13.6	3.4	26.9	8.8	0.9	1.8	6.6	18.2
16	PAPDRUCK	2.0	3.7	4.1	3.1	1.3	1.3	1.7	1.0	1.2
17	GUMPLAST	1.8	3.4	4.6	1.9	1.1	2.1	0.7	1.9	0.7
18	S.VERARB	1.8	1.1	1.4	0.7	2.3	0.4	0.3	9.0	0.5
19	BAUTEN	0.7	0.8	0.9	0.7	0.7	0.8	0.8	0.6	0.6
20-24	DIENSTL	11.1	11.6	12.6	10.2	10.9	11.8	12.0	10.1	10.3
20	HANDEL	5.5	5.3	5.7	4.7	5.6	5.7	6.3	4.9	5.4
21	VERKNACH	3.1	3.5	3.9	2.9	2.9	3.2	3.2	2.7	2.7
22	KREDVERS	0.3	0.3	0.3	0.4	0.3	0.3	0.3	0.3	0.4
23	SMDIENST	2.2	2.5	2.6	2.3	2.1	2.7	2.1	2.2	1.9
24	NMDIENST	0.0	0.0	0.0	0.0	0.0	0.0	0.0	0.0	0.0
1-24	INSGES.	100.0	100.0	100.0	100.0	100.0	100.0	100.0	100.0	100.0
25	MAENNER	57.9	66.1	69.8	61.1	53.9	47.7	54.1	53.2	55.9
26	FRAUEN	42.1	33.9	30.2	38.9	46.1	52.3	45.9	46.8	44.1
27	LEISTGR1	3.3	3.7	4.2	3.1	3.1	3.4	3.2	3.4	2.7
28	2	4.7	5.2	5.8	4.5	4.5	5.0	4.6	5.1	3.9
29	3	4.5	4.8	4.8	4.7	4.4	4.5	4.2	5.2	4.1
30	4	2.2	2.2	2.2	2.2	2.3	2.4	2.3	2.3	2.2
31	5	28.9	28.2	27.6	28.9	29.2	29.9	29.8	27.2	29.7
32	6	37.3	34.8	34.1	35.8	38.4	40.6	40.0	36.0	38.0
33	7	19.1	21.1	21.3	20.8	18.1	14.1	15.9	20.8	19.4

Noch: Tabelle A.17

		OPEC-Länder	VR China	RGW-Länder	Westliche Industrieländer (ohne EG)				EG-Länder	Alle Länder
					Gesamt	Japan	USA	Übrige		
1	LANDW	3.0	1.8	3.0	2.6	1.7	2.3	3.1	1.9	2.2
2	BERGF.EN	1.0	0.6	1.4	1.2	1.3	1.3	1.2	1.4	1.3
3-18	VFPARB	84.9	87.5	82.3	82.9	83.4	82.8	82.8	82.5	82.9
3-5	GRUNDST	12.5	4.6	22.2	14.5	15.4	14.3	14.5	19.8	17.7
3	ERZE.MET	7.9	0.5	12.3	7.3	8.9	5.7	8.1	8.9	8.5
4	BAUST	0.7	1.3	3.0	1.6	1.8	1.5	1.7	3.2	2.6
5	CHEM	3.9	2.8	6.9	5.6	4.7	7.2	4.7	7.6	6.5
6-11	INVGUET	7.1	1.8	17.4	29.3	46.5	38.3	19.8	35.9	30.2
6	METGUET	1.2	0.8	2.9	4.5	4.9	5.2	4.0	5.4	4.6
7	MB	1.2	0.2	8.1	7.7	7.6	9.8	6.5	9.2	7.7
8	BM.FEINM	0.2	0.3	0.5	5.6	11.3	7.4	3.2	3.8	3.7
9	ELT	1.6	0.3	4.8	8.0	14.5	10.9	4.6	8.3	7.5
10	KFZ	0.4	0.0	0.7	0.6	0.4	0.5	0.6	8.6	5.5
11	S.FZ	2.9	0.0	0.5	3.0	8.7	4.5	0.9	0.6	1.2
12	NG	0.2	0.2	0.2	0.2	0.2	0.2	0.2	0.2	0.2
13-18	KONGUET	65.1	81.0	42.5	38.8	21.4	29.9	48.3	26.7	34.9
13	TEX.BEKL	38.4	64.7	20.4	17.2	6.8	15.6	20.4	13.0	17.6
14	LEDER	4.5	7.2	1.0	1.2	2.0	0.7	1.5	1.0	2.0
15	HOLZ	20.4	0.7	15.9	8.8	1.4	3.4	13.9	1.6	5.1
16	PAPDRUCK	1.0	0.9	2.4	6.9	1.9	5.2	9.0	2.4	3.4
17	GUMPLAST	0.7	0.6	1.2	2.5	3.0	3.0	2.1	7.0	4.9
18	S.VERARB	0.2	6.8	1.7	2.2	6.2	2.1	1.5	1.7	1.9
19	BAUTEN	0.7	0.5	0.9	0.9	1.0	1.0	0.8	1.0	1.0
20-24	DIENSTL	10.5	9.6	12.3	12.3	12.6	12.7	12.1	13.1	12.6
20	HANDEL	5.2	5.3	5.5	5.3	5.1	5.2	5.3	5.6	5.5
21	VERKNACH	2.8	2.1	3.8	3.7	3.9	3.9	3.6	4.2	3.9
22	KREDVERS	0.4	0.3	0.4	0.3	0.3	0.3	0.4	0.3	0.3
23	SMDIENST	2.2	1.9	2.6	3.0	3.3	3.3	2.8	3.0	2.9
24	NMDIENST	0.0	0.0	0.0	0.0	0.0	0.0	0.0	0.0	0.0
1-24	INSGES.	100.0	100.0	100.0	100.0	100.0	100.0	100.0	100.0	100.0
25	MAENNER	56.5	38.7	68.3	68.4	72.9	69.3	66.8	72.3	69.0
26	FRAUEN	43.5	61.3	31.7	31.6	27.1	30.7	33.2	27.7	31.0
27	LEISTGR1	3.0	2.5	4.0	4.3	4.8	4.7	3.8	4.7	4.4
28	2	4.4	3.9	5.5	6.3	7.3	7.0	5.6	6.6	6.2
29	3	4.4	4.2	5.1	5.6	6.1	5.9	5.3	5.4	5.3
30	4	2.2	2.3	2.3	2.3	2.3	2.3	2.2	2.3	2.3
31	5	29.1	30.0	28.6	28.1	25.7	27.5	29.0	27.5	27.9
32	6	38.3	42.5	34.0	32.3	30.2	31.5	33.3	32.0	33.0
33	7	18.6	14.7	20.4	21.1	23.6	21.1	20.6	21.5	21.0

Tabelle A.18

Struktur des Beschäftigungseffekts der Industriegüterimporte aus verschiedenen Ländergruppen nach Wirtschaftszweigen, Geschlecht und Leistungsgruppen 1977:
Vereinigtes Königreich
- in vH -

		Alle Entwicklungsländer	Europäische Entwicklungsländer			Außereuropäische Entwicklungsländer (ohne OPEC)				
			Gesamt	Spanien, Griechenland, Portugal	Jugoslawien, Türkei	Gesamt	Mittelmeerländer	Lateinamerika	Südostasiatische Schwellenländer	Übrige
1	LANDW	0.2	0.2	0.2	0.2	0.2	0.2	0.3	0.2	0.2
2	BERGB,EN	2.9	2.6	2.6	2.5	2.9	3.0	4.0	2.2	3.5
3-18	VERARB	81.4	81.7	81.6	82.1	81.3	80.8	77.4	83.6	79.7
3-5	GRUNDST	15.2	11.6	11.8	10.2	15.8	16.1	26.3	7.0	24.6
3	ERZE,MET	7.3	5.9	6.0	4.9	7.6	2.9	16.2	3.4	10.7
4	BAUST	4.5	2.4	2.6	0.8	4.7	7.9	1.4	1.2	11.7
5	CHEM	3.4	3.3	3.2	4.5	3.5	5.2	8.8	2.3	2.2
6-11	INVGUET	18.5	24.4	25.3	18.0	15.1	19.6	13.1	18.4	9.6
6	METGUET	5.0	6.6	7.0	3.8	4.5	5.0	4.4	4.7	4.2
7	MB	5.1	8.9	9.2	7.3	3.0	7.1	3.8	2.3	2.8
8	BM,FEINM	2.1	2.4	2.6	1.1	2.0	1.4	1.8	3.0	0.4
9	ELT	4.9	4.2	4.2	4.6	4.8	4.2	2.0	7.9	1.4
10	KFZ	0.6	1.8	2.0	0.8	0.3	0.4	0.4	0.2	0.3
11	S.FZ	0.9	0.4	0.4	0.4	0.5	1.7	0.8	0.3	0.5
12	NG	0.2	0.2	0.2	0.2	0.2	0.2	0.4	0.2	0.2
13-18	KONGUET	47.4	45.4	44.3	53.6	50.1	44.8	37.6	58.0	45.3
13	TEX,BEKL	29.8	25.6	23.4	41.1	32.5	29.5	23.7	36.8	31.3
14	LEDER	3.8	3.3	3.5	1.4	4.1	1.9	4.5	4.1	4.5
15	HOLZ	6.0	7.4	7.6	5.6	5.9	1.6	5.1	7.0	5.6
16	PAPDRUCK	3.0	5.5	5.9	2.4	2.4	5.7	2.5	2.3	1.7
17	GUMPLAST	1.7	2.0	2.0	2.2	1.7	4.5	1.1	1.9	1.0
18	S.VERARB	3.1	1.6	1.8	0.9	3.4	1.5	0.6	5.9	1.3
19	BAUTEN	0.7	0.8	0.8	0.7	0.6	0.8	0.7	0.5	0.7
20-24	DIENSTL	14.9	14.7	14.8	14.5	15.0	15.2	17.7	13.4	15.9
20	HANDEL	4.8	4.8	4.8	4.7	4.8	4.3	5.7	4.5	4.9
21	VERKNACH	3.6	3.4	3.5	3.2	3.6	4.1	4.1	3.0	4.4
22	KREDVERS	6.5	6.5	6.5	6.5	6.5	6.8	7.9	6.0	6.6
23	SMDIENST	0.0	0.0	0.0	0.0	0.0	0.0	0.0	0.0	0.0
24	NMDIENST	0.0	0.0	0.0	0.0	0.0	0.0	0.0	0.0	0.0
1-24	INSGES.	100.0	100.0	100.0	100.0	100.0	100.0	100.0	100.0	100.0
25	MAENNER	61.7	63.8	64.6	58.5	60.3	62.0	65.0	57.1	62.6
26	FRAUEN	38.3	36.2	35.4	41.5	39.7	38.0	35.0	42.9	37.4
27	LEISTGR1	0.0	0.0	0.0	0.0	0.0	0.0	0.0	0.0	0.0
28	2	0.0	0.0	0.0	0.0	0.0	0.0	0.0	0.0	0.0
29	3	0.0	0.0	0.0	0.0	0.0	0.0	0.0	0.0	0.0
30	4	0.0	0.0	0.0	0.0	0.0	0.0	0.0	0.0	0.0
31	5	0.0	0.0	0.0	0.0	0.0	0.0	0.0	0.0	0.0
32	6	0.0	0.0	0.0	0.0	0.0	0.0	0.0	0.0	0.0
33	7	0.0	0.0	0.0	0.0	0.0	0.0	0.0	0.0	0.0

Noch: Tabelle A.18

		OPEC-Länder	VR China	RGW-Länder	Westliche Industrieländer (ohne EG)				EG-Länder	Alle Länder
					Gesamt	Japan	USA	Übrige		
1	LANDW	0.1	0.3	0.2	0.1	0.1	0.1	0.2	0.2	0.2
2	BERGB.EN	3.0	2.7	3.6	3.2	2.5	2.7	3.7	3.1	3.2
3-18	VERARB	81.3	82.1	79.3	79.9	83.2	81.6	78.4	80.3	80.3
3-5	GRUNDST	18.9	11.2	26.3	20.1	11.6	12.7	25.7	17.5	18.6
3	ERZE.MET	8.4	3.1	6.5	8.4	7.7	6.2	9.6	8.3	8.1
4	BAUST	8.7	1.2	16.9	8.3	1.8	1.9	13.0	3.6	6.1
5	CHEM	1.7	6.9	2.9	3.4	2.1	4.6	3.1	5.6	4.3
6-11	INVGUET	40.4	8.5	16.3	34.7	59.1	49.8	22.0	41.0	34.7
6	METGUET	5.6	2.9	4.0	6.0	7.4	6.9	5.3	7.1	6.3
7	MB	16.9	2.4	4.7	10.8	7.6	15.0	9.2	12.6	10.6
8	BM.FEINM	2.5	0.4	1.0	4.9	6.2	10.4	1.7	4.9	4.4
9	ELT	8.1	1.3	2.4	7.3	19.4	10.8	3.2	6.7	6.5
10	KFZ	0.8	0.2	2.0	3.1	13.8	1.6	1.9	8.6	5.1
11	S.FZ	6.5	1.3	2.3	2.5	4.6	5.2	0.8	1.1	1.7
12	NG	0.1	0.3	0.2	0.2	0.1	0.2	0.2	0.2	0.2
13-18	KONGUET	21.9	62.1	36.5	24.9	12.4	18.9	30.5	21.6	26.8
13	TEX.BEKL	9.7	47.3	12.2	6.5	3.6	5.5	7.6	8.6	10.6
14	LEDER	2.4	4.0	2.4	0.4	0.3	0.3	0.4	1.1	1.2
15	HOLZ	3.3	1.2	16.7	4.2	1.0	1.1	6.4	1.8	3.8
16	PAPDRUCK	1.7	2.7	2.5	8.9	1.8	4.6	12.6	3.1	5.4
17	GUMPLAST	1.0	0.9	1.5	2.3	2.4	3.1	1.8	5.0	3.3
18	S.VERARB	3.6	6.1	1.3	2.6	3.3	4.2	1.6	2.1	2.4
19	BAUTEN	1.0	0.6	0.8	0.9	0.7	0.9	0.9	0.9	0.9
20-24	DIENSTL	14.6	14.4	16.0	15.8	13.5	14.7	16.9	15.5	15.6
20	HANDEL	4.5	4.5	4.3	4.7	4.6	4.5	4.9	4.8	4.7
21	VERKNACH	3.8	3.3	5.0	4.2	2.9	3.3	4.9	3.7	4.0
22	KREDVERS	6.3	6.6	6.7	6.8	5.9	6.8	7.0	7.0	6.8
23	SMDIENST	0.0	0.0	0.0	0.0	0.0	0.0	0.0	0.0	0.0
24	NMDIENST	0.0	0.0	0.0	0.0	0.0	0.0	0.0	0.0	0.0
1-24	INSGES.	100.0	100.0	100.0	100.0	100.0	100.0	100.0	100.0	100.0
25	MAENNER	71.0	53.9	70.9	71.2	72.0	70.3	71.6	71.0	69.9
26	FRAUEN	29.0	46.1	29.1	28.8	28.0	29.7	28.4	29.0	30.1
27	LEISTGR1	0.0	0.0	0.0	0.0	0.0	0.0	0.0	0.0	0.0
28	2	0.0	0.0	0.0	0.0	0.0	0.0	0.0	0.0	0.0
29	3	0.0	0.0	0.0	0.0	0.0	0.0	0.0	0.0	0.0
30	4	0.0	0.0	0.0	0.0	0.0	0.0	0.0	0.0	0.0
31	5	0.0	0.0	0.0	0.0	0.0	0.0	0.0	0.0	0.0
32	6	0.0	0.0	0.0	0.0	0.0	0.0	0.0	0.0	0.0
33	7	0.0	0.0	0.0	0.0	0.0	0.0	0.0	0.0	0.0

Tabelle A.19

Struktur des Beschäftigungseffekts der Industriegüterimporte aus verschiedenen Ländergruppen nach Wirtschaftszweigen, Geschlecht und Leistungsgruppen 1977:
Niederlande
- in vH -

		Alle Entwicklungsländer	Europäische Entwicklungsländer			Außereuropäische Entwicklungsländer (ohne OPEC)				
			Gesamt	Spanien, Griechenland, Portugal	Jugoslawien, Türkei	Gesamt	Mittelmeerländer	Lateinamerika	Südostasiatische Schwellenländer	Übrige
1	LANDW	0.4	0.4	0.4	0.4	0.4	0.3	0.5	0.5	0.5
2	BERGB.EN	0.5	0.5	0.6	0.3	0.4	0.6	0.8	0.3	0.4
3-18	VERARB.	85.7	85.4	85.0	86.5	85.7	83.5	83.9	86.9	85.2
3- 5	GRUNDST	11.1	10.6	13.1	4.0	11.3	31.6	15.8	3.6	16.4
3	ERZE.MET	2.9	3.5	4.1	1.9	2.5	2.4	3.9	1.4	5.0
4	BAUST	5.1	2.0	2.4	0.9	6.3	24.6	1.1	1.8	10.2
5	CHEM	3.1	5.1	6.5	1.2	2.5	4.6	10.8	0.4	1.2
6-11	INVGUET	12.9	16.0	19.3	7.2	11.8	6.5	13.9	15.6	3.1
6	METGUET	2.5	3.7	4.7	1.2	2.0	1.1	1.4	2.6	1.5
7	MB	1.7	3.1	3.9	1.4	1.1	1.5	1.5	1.1	0.6
8	BM.FEINM	2.1	1.4	1.7	0.6	2.3	2.2	1.8	3.1	0.2
9	ELT	5.5	4.5	5.5	1.7	5.9	0.9	8.8	8.3	0.6
10	KFZ	0.8	2.8	3.2	1.7	0.1	0.3	0.1	0.1	0.1
11	S.FZ	0.5	0.5	0.4	0.6	0.4	0.4	0.2	0.5	0.2
12	NG	0.1	0.2	0.2	0.2	0.1	0.1	0.2	0.1	0.1
13-18	KONGUET	61.5	58.6	52.4	75.2	62.6	45.3	54.0	67.6	65.6
13	TEX.BEKL	35.9	37.2	29.5	57.9	35.3	36.9	27.1	34.7	41.7
14	LEDER	4.1	6.1	6.8	4.3	3.6	0.6	9.3	3.4	2.1
15	HOLZ	14.0	7.2	6.6	8.9	16.2	3.1	10.6	20.1	17.5
16	PAPDRUCK	2.7	4.5	5.4	2.0	2.1	2.1	3.5	2.0	1.6
17	GUMPLAST	1.9	2.1	2.5	1.1	1.9	1.7	2.7	2.1	1.0
18	S.VERARB	2.9	1.5	1.7	1.0	3.4	0.8	0.7	5.3	1.7
19	BAUTEN	1.5	1.6	1.7	1.3	1.5	1.8	1.9	1.3	1.4
20-24	DIENSTL	11.9	12.0	12.2	11.4	11.9	13.8	12.9	11.0	12.5
20	HANDEL	7.1	6.9	6.9	6.8	7.2	8.6	7.2	6.6	7.9
21	VERKNACH	1.9	1.9	2.0	1.7	1.9	2.1	2.1	1.7	1.9
22	KREDVERS	0.3	0.3	0.4	0.3	0.3	0.3	0.4	0.3	0.3
23	SMDIENST	2.4	2.7	2.8	2.4	2.4	2.4	3.1	2.2	2.3
24	NMDIENST	0.2	0.1	0.2	0.1	0.2	0.3	0.2	0.2	0.2
1-24	INSGES.	100.0	100.0	100.0	100.0	100.0	100.0	100.0	100.0	100.0
25	MAENNER	74.3	73.6	75.8	67.5	74.5	75.1	75.5	74.5	73.5
26	FRAUEN	25.7	26.4	24.2	32.5	25.5	24.9	24.5	25.5	26.5
27	LEISTGR1	3.9	3.9	4.2	3.0	4.0	3.5	4.8	4.1	3.2
28	2	5.2	5.3	5.6	4.5	5.1	4.9	5.9	5.2	4.5
29	3	12.6	13.1	13.7	11.5	12.4	12.0	13.9	12.5	11.6
30	4	3.5	3.6	3.6	3.6	3.4	3.6	3.6	3.3	3.5
31	5	24.8	24.5	24.9	23.3	24.8	22.6	24.3	25.6	24.4
32	6	37.9	37.7	36.1	42.1	38.0	40.4	35.5	37.2	40.1
33	7	12.2	12.0	12.0	12.0	12.3	12.9	12.0	12.0	12.7

Noch: Tabelle A.19

		OPEC-Länder	VR China	RGW-Länder	Westliche Industrieländer (ohne EG)				EG-Länder	Alle Länder
					Gesamt	Japan	USA	Übrige		
1	LANDW	0.5	0.3	0.4	0.2	0.1	0.2	0.3	0.2	0.3
2	BERGB,EN	0.4	0.6	0.5	0.5	0.4	0.6	0.5	0.6	0.5
3-18	VERARB	86.1	86.2	85.4	86.6	89.5	86.9	85.3	86.2	86.2
3- 5	GRUNDSL	9.0	11.4	14.4	11.6	7.9	13.4	11.5	14.6	13.9
3	ERZE,MET	4.7	3.8	3.9	4.6	4.6	2.3	6.4	6.4	5.7
4	BAUST	1.7	1.2	6.8	2.4	1.5	2.9	2.2	3.6	3.5
5	CHEM	2.6	6.4	3.7	4.7	1.8	8.1	2.8	4.8	4.6
6-11	INVGUET	13.9	5.4	16.7	44.2	67.5	51.7	29.9	36.7	35.8
6	METGUET	1.5	2.4	2.8	3.6	3.4	3.7	3.6	5.1	4.6
7	MB	3.1	0.6	3.4	10.5	7.9	13.7	8.9	9.4	8.8
8	BM,EFINM	3.7	1.4	3.0	13.7	18.5	21.6	5.5	6.3	7.3
9	EL.T	2.5	1.0	1.9	7.6	11.1	7.2	6.8	6.4	6.4
10	KFZ	0.1	0.0	2.1	5.5	22.2	1.5	2.9	8.3	7.0
11	S.FZ	2.9	0.1	3.6	3.2	4.5	4.0	2.1	1.3	1.6
12	NG	0.1	0.2	0.1	0.1	0.0	0.1	0.1	0.1	0.1
13-18	KONGUET	63.1	69.2	54.2	30.7	14.1	21.7	43.8	34.6	36.4
13	TEX,BEKL	37.3	40.9	22.8	3.8	2.9	2.4	5.3	14.1	14.1
14	LEDER	0.7	3.5	2.0	0.4	0.4	0.2	0.6	1.5	1.5
15	HOLZ	21.3	3.1	19.1	7.6	1.2	2.6	14.0	5.1	6.5
16	PAPDRUCK	1.7	2.3	4.5	11.7	2.2	6.5	19.4	5.5	6.4
17	GUMPLAST	0.7	0.4	1.6	3.6	2.4	5.6	2.5	5.9	5.1
18	S.VERARB	1.3	19.0	4.1	3.4	5.0	4.4	2.0	2.4	2.7
19	BAUTEN	1.4	1.4	1.6	1.7	1.4	1.8	1.7	1.7	1.7
20-24	DIENSTL	11.6	11.4	12.1	11.0	8.6	10.5	12.2	11.3	11.3
20	HANDEL	7.1	6.4	7.2	6.0	5.0	5.7	6.5	6.5	6.5
21	VERKNACH	1.8	1.8	1.9	1.9	1.5	1.8	2.2	1.9	1.9
22	KREDVERS	0.3	0.3	0.3	0.4	0.3	0.4	0.4	0.4	0.4
23	SMDIENST	2.3	2.6	2.4	2.5	1.6	2.4	3.0	2.4	2.4
24	NMDIENST	0.2	0.3	0.2	0.2	0.2	0.2	0.2	0.2	0.2
1-24	INSGES.	100.0	100.0	100.0	100.0	100.0	100.0	100.0	100.0	100.0
25	MAENNER	75.1	71.2	79.4	84.7	86.2	84.8	84.2	82.3	82.0
26	FRAUEN	24.9	28.8	20.6	15.3	13.8	15.2	15.8	17.7	18.0
27	LEISTGR1	3.5	3.8	3.7	4.9	4.8	5.2	4.6	4.4	4.4
28	2	5.1	5.1	5.3	7.2	7.1	7.7	6.7	6.3	6.4
29	3	12.7	13.6	13.3	16.6	15.9	17.4	16.3	15.1	15.2
30	4	3.5	3.4	3.4	3.4	3.7	3.6	3.2	3.6	3.6
31	5	26.0	25.0	27.1	28.1	26.3	27.9	28.9	26.4	26.6
32	6	37.4	36.1	34.8	29.0	32.4	27.8	28.7	32.8	32.5
33	7	11.8	13.0	12.4	10.8	9.8	10.4	11.6	11.3	11.3

Tabelle A.20 Struktur des Beschäftigungseffekts der Industriegüterimporte aus verschiedenen Ländergruppen nach Wirtschaftszweigen, Geschlecht und Leistungsgruppen 1977:
Belgien
- in vH -

		Alle Entwicklungsländer	Europäische Entwicklungsländer			Außereuropäische Entwicklungsländer (ohne OPEC)				
			Gesamt	Spanien, Griechenland, Portugal	Jugoslawien, Türkei	Gesamt	Mittelmeerländer	Lateinamerika	Südostasiatische Schwellenländer	Übrige
1	LANDW	0.5	0.5	0.4	0.8	0.5	0.2	0.4	0.9	0.4
2	BERGB,EN	1.9	1.2	1.3	0.7	2.2	1.4	2.2	1.1	3.1
3-18	VERARB	83.6	86.3	86.0	87.2	82.8	85.8	84.1	85.6	79.8
3-5	GRUNDST	34.0	12.6	15.4	3.2	40.8	38.7	27.1	20.5	55.5
3	ERZE,MET	13.5	5.1	6.1	1.7	16.4	0.4	19.5	2.8	28.7
4	BAUST	18.4	3.5	4.4	0.5	22.8	35.9	1.5	17.0	26.4
5	CHEM	2.1	4.0	4.8	1.0	1.6	2.5	6.0	0.7	0.4
6-11	INVGUET	8.1	16.2	15.5	18.6	5.4	4.2	2.7	12.7	3.1
6	METGUET	2.7	4.4	4.9	2.9	2.2	1.3	1.5	3.7	2.0
7	MB	1.1	3.0	2.3	5.6	0.6	0.6	0.5	0.7	0.6
8	BM,FEINM	0.8	1.0	0.9	1.5	0.7	0.3	0.3	2.6	0.1
9	ELT	2.0	3.4	3.3	3.9	1.6	1.1	0.4	5.4	0.2
10	KFZ	0.8	3.3	3.3	3.6	0.1	0.1	0.0	0.2	0.1
11	S.FZ	0.6	0.9	0.9	1.0	0.2	0.8	0.1	0.0	0.2
12	NG	0.1	0.2	0.2	0.1	0.1	0.1	0.2	0.2	0.1
13-18	KONGUET	41.4	57.3	55.0	65.3	36.4	42.7	54.2	52.2	21.1
13	TEX,BEKL	30.2	39.8	35.8	53.0	26.8	39.3	45.0	31.0	14.7
14	LEDER	2.0	3.7	4.7	0.3	1.5	0.9	2.9	3.5	0.3
15	HOLZ	4.7	4.2	2.7	9.1	4.8	0.6	1.8	10.5	4.6
16	PAPDRUCK	2.3	4.6	5.4	1.6	1.6	1.3	4.1	1.5	1.1
17	GUMPLAST	0.9	3.1	3.8	0.7	0.3	0.3	0.2	0.6	0.1
18	S.VERARB	1.4	2.0	2.5	0.4	1.3	0.2	0.2	5.0	0.2
19	BAUTEN	0.7	0.6	0.6	0.5	0.7	0.6	0.8	0.5	0.9
20-24	DIENSTL	13.2	11.5	11.7	10.8	13.8	12.1	12.6	11.9	15.9
20	HANDEL	4.4	4.1	4.1	4.1	4.6	4.1	4.4	4.0	5.1
21	VERKNACH	6.1	4.5	4.6	4.1	6.6	5.4	5.5	5.2	8.0
22	KREDVERS	0.2	0.2	0.2	0.2	0.2	0.2	0.2	0.2	0.3
23	SMDIENST	2.5	2.6	2.7	2.4	2.5	2.4	2.5	2.4	2.5
24	NMDIENST	0.0	0.0	0.0	0.0	0.0	0.0	0.0	0.0	0.0
1-24	INSGES.	100.0	100.0	100.0	100.0	100.0	100.0	100.0	100.0	100.0
25	MAENNER	69.5	61.6	63.0	56.8	72.0	65.3	61.8	65.8	80.7
26	FRAUEN	30.5	38.4	37.0	43.2	28.0	34.7	38.2	34.2	19.3
27	LEISTGR1	3.5	3.7	3.7	3.5	3.5	3.4	3.4	3.7	3.4
28	2	4.4	4.9	5.0	4.5	4.3	4.1	4.4	4.6	4.1
29	3	5.8	5.9	6.1	5.2	5.7	5.4	5.6	5.4	6.1
30	4	2.3	2.1	2.2	1.9	2.3	2.1	2.3	1.9	2.7
31	5	22.9	23.4	23.4	23.6	22.8	21.7	21.9	24.6	22.5
32	6	35.3	34.8	34.3	36.6	35.4	36.0	36.6	34.3	35.4
33	7	25.9	25.2	25.4	24.7	26.1	27.4	25.8	25.5	25.8

Noch: Tabelle A.20

		OPEC-Länder	VR China	RGW-Länder	Westliche Industrieländer (ohne EG)				EG-Länder	Alle Länder
					Gesamt	Japan	USA	Übrige		
1	LANDW	0.5	0.4	0.9	0.4	0.2	0.3	0.5	0.4	0.4
2	BERGB,EN	1.0	0.8	1.7	1.4	1.2	1.4	1.5	1.3	1.4
3-18	VERARB	86.6	89.3	82.6	83.8	84.2	83.6	83.8	84.6	84.3
3-5	GRUNDST	20.8	7.0	32.9	20.9	13.0	20.6	23.4	18.0	19.9
3	ERZE,MET	1.1	1.9	7.4	6.2	7.4	3.3	8.1	4.3	5.4
4	BAUST	19.1	2.1	22.2	9.7	3.9	8.5	12.2	8.3	9.5
5	CHEM	0.6	3.0	3.3	5.1	1.7	8.8	3.1	5.3	5.0
6-11	INVGUET	14.4	4.1	12.3	33.3	55.8	36.8	24.3	31.8	29.8
6	METGUET	3.2	2.0	3.4	5.6	5.2	6.5	5.0	6.5	6.0
7	MB	0.9	0.7	2.0	7.9	5.5	9.5	7.2	7.3	6.8
8	BM,FEINM	0.3	0.8	1.3	6.3	7.3	9.6	3.3	2.6	3.0
9	ELT	3.5	0.5	2.8	6.6	14.7	6.9	4.2	6.5	6.1
10	KFZ	0.3	0.0	2.8	5.5	19.3	2.3	4.2	8.5	7.4
11	S.FZ	6.2	0.1	0.1	1.4	3.8	2.0	0.3	0.4	0.6
12	NG	0.1	0.1	0.2	0.2	0.1	0.2	0.1	0.2	0.2
13-18	KONGUET	51.2	78.2	37.2	29.4	15.2	26.0	36.0	34.6	34.5
13	TEX,BEKL	44.8	59.8	16.9	11.5	4.3	11.2	13.7	17.9	18.0
14	LEDER	0.2	3.4	2.3	0.4	0.6	0.2	0.4	2.0	1.8
15	HOLZ	4.2	2.0	10.8	2.9	1.7	1.6	4.3	3.1	3.3
16	PAPDRUCK	1.1	1.1	4.1	10.1	3.0	6.1	15.3	6.2	6.4
17	GUMPLAST	0.2	0.1	1.5	2.7	2.2	4.6	1.4	3.9	3.5
18	S.VERARB	0.8	11.8	1.7	1.8	3.4	2.5	0.9	1.5	1.6
19	BAUTEN	0.6	0.5	0.7	0.6	0.6	0.6	0.7	0.6	0.6
20-24	DIENSTL	11.4	9.0	14.1	13.7	13.8	14.0	13.5	13.1	13.3
20	HANDEL	4.0	3.6	4.5	4.1	4.6	3.9	4.2	4.3	4.3
21	VERKNACH	4.8	3.3	6.5	5.5	5.2	5.3	5.7	5.2	5.3
22	KREDVERS	0.2	0.2	0.3	0.3	0.2	0.3	0.2	0.3	0.3
23	SMDIENST	2.3	1.9	2.8	3.9	3.9	4.6	3.4	3.4	3.4
24	NMDIENST	0.0	0.0	0.0	0.0	0.0	0.0	0.0	0.0	0.0
1-24	INSGES.	100.0	100.0	100.0	100.0	100.0	100.0	100.0	100.0	100.0
25	MAENNER	62.2	51.3	74.7	75.0	77.9	74.1	75.0	72.1	72.3
26	FRAUEN	37.8	48.7	25.3	25.0	22.1	25.9	25.0	27.9	27.7
27	LEISTGR1	3.3	3.1	3.9	4.9	4.8	5.4	4.6	4.4	4.4
28	2	4.2	3.9	4.9	6.6	6.7	7.3	5.9	6.0	5.9
29	3	5.4	4.4	6.2	7.6	7.6	7.8	7.4	7.1	7.0
30	4	2.0	1.6	2.3	2.7	2.9	2.8	2.5	2.6	2.6
31	5	24.0	26.6	23.6	25.0	26.5	24.7	24.8	24.1	24.1
32	6	35.2	35.9	33.8	29.8	30.5	28.7	30.5	32.0	31.9
33	7	26.0	24.5	25.4	23.5	21.0	23.3	24.3	23.9	24.0

Tabelle A.21 Saldierte Beschäftigungseffekte einer gleichgroßen Ausweitung des Industriegüterhandels mit verschiedenen Ländergruppen nach Wirtschaftszweigen, Geschlecht und Leistungsgruppen 1977: Bundesrepublik Deutschland
- in Erwerbstätigen je 100 Mill. US-$ Importe und Exporte zu Preisen von 1970 -

		Alle Entwicklungsländer	Europäische Entwicklungsländer			Außereuropäische Entwicklungsländer (ohne OPEC)				
			Gesamt	Spanien, Griechenland, Portugal	Jugoslawien, Türkei	Gesamt	Mittelmeerländer	Lateinamerika	Südostasiatische Schwellenländer	Übrige
1	LANDW	-77.	-51.	-40.	-68.	-81.	-47.	-54.	-64.	-161.
2	BERGB.EN	18.	20.	17.	29.	18.	17.	-21.	45.	-15.
3-18	VERARB	-728.	-763.	-759.	-885.	-939.	-768.	-659.	-1098.	-792.
3-5	GRUNDST	212.	303.	278.	406.	268.	-235.	-181.	772.	-203.
3	ERZE.MET	79.	135.	76.	275.	-19.	340.	-615.	241.	-397.
4	BAUST	-38.	-39.	-29.	-48.	-51.	-626.	-7.	166.	-124.
5	CHEM	171.	206.	231.	180.	337.	51.	441.	365.	318.
6-11	INVGUET	2869.	1933.	1587.	2432.	2818.	3259.	2912.	2456.	3521.
6	MFTGUET	265.	121.	122.	126.	216.	320.	257.	153.	257.
7	MB	1722.	1387.	1053.	1820.	1706.	1631.	1645.	1837.	1624.
8	BM.FEINM	57.	134.	176.	77.	53.	9.	192.	33.	119.
9	ELT	241.	142.	168.	103.	141.	417.	519.	-30.	449.
10	KFZ	476.	128.	60.	267.	499.	774.	180.	414.	630.
11	S.FZ	108.	19.	7.	39.	204.	108.	119.	50.	442.
12	NG	0.	1.	2.	1.	3.	0.	4.	5.	-0.
13-18	KONGUET	-3810.	-3000.	-2625.	-3724.	-4027.	-3793.	-3395.	-4330.	-4110.
13	TEX.BEKL	-3213.	-2586.	-2243.	-3371.	-3359.	-3724.	-2834.	-3633.	-3181.
14	LEDER	-372.	-406.	-402.	-352.	-354.	-205.	-574.	-323.	-238.
15	HOLZ	-292.	-173.	-137.	-226.	-407.	13.	-260.	-285.	-1012.
16	PAPDRUCK	2.	-14.	-26.	21.	40.	1.	-10.	58.	77.
17	GUMPLAST	169.	171.	176.	183.	210.	195.	245.	150.	274.
18	S.VERARB	-104.	9.	6.	21.	-157.	-73.	37.	-296.	-30.
19	BAUTEN	5.	3.	3.	2.	8.	3.	7.	7.	9.
20-24	DIENSTL	8.	4.	-7.	40.	-6.	89.	-177.	86.	-127.
20	HANDEL	8.	1.	-9.	29.	-4.	80.	-134.	52.	-78.
21	VERKNACH	-4.	1.	1.	7.	-4.	-4.	-40.	25.	-43.
22	KREDVERS	0.	-0.	-0.	-0.	0.	1.	-1.	1.	-1.
23	SMDIENST	4.	2.	1.	4.	2.	11.	-3.	8.	-5.
24	NMDIENST	0.	0.	0.	0.	0.	0.	0.	0.	0.
1-24	INSGES.	-775.	-788.	-787.	-881.	-1001.	-706.	-903.	-1024.	-1087.
25	MAENNER	1147.	778.	576.	1103.	1046.	1351.	734.	1233.	739.
26	FRAUEN	-1922.	-1566.	-1363.	-1984.	-2046.	-2057.	-1637.	-2257.	-1826.
27	LEISTGR1	139.	105.	86.	132.	136.	151.	140.	132.	154.
28	2	119.	88.	74.	101.	124.	106.	183.	97.	169.
29	3	17.	14.	9.	13.	10.	1.	52.	-3.	34.
30	4	-14.	-14.	-15.	-17.	-19.	-16.	-9.	-23.	-20.
31	5	423.	233.	137.	372.	375.	534.	277.	369.	355.
32	6	-993.	-840.	-748.	-1043.	-1067.	-1100.	-952.	-1128.	-1014.
33	7	-420.	-349.	-303.	-443.	-498.	-443.	-350.	-542.	-470.

Noch: Tabelle A.21

		OPEC-Länder	VR China	RGW-Länder	Westliche Industrieländer (ohne EG)				EG-Länder	Alle Länder
					Gesamt	Japan	USA	Übrige		
1	LANDW	-88.	-65.	-135.	-39.	59.	-41.	-66.	-6.	-33.
2	BERGB,EN	-2.	149.	7.	3.	8.	35.	-14.	-1.	4.
3-18	VERARB	-586.	-2274.	1.	61.	-266.	90.	19.	-3.	-70.
3-5	GRUNDST	-69.	2109.	1.	-33.	221.	287.	-224.	-60.	-7.
3	ERZE.MET	-169.	1922.	275.	-121.	-444.	333.	-305.	-1.	5.
4	BAUST	87.	4.	-107.	18.	-48.	83.	20.	-60.	-46.
5	CHEM	13.	183.	-167.	69.	714.	-89.	61.	1.	34.
6-11	INVGUET	3932.	1251.	2332.	772.	-745.	511.	1330.	652.	1141.
6	METGUET	495.	-8.	77.	84.	-42.	83.	94.	73.	102.
7	MB	1877.	757.	2015.	464.	959.	327.	453.	444.	797.
8	BM,FFINM	85.	66.	86.	-200.	-287.	-469.	12.	17.	-48.
9	ELT	673.	158.	139.	-254.	-1252.	-601.	127.	48.	4.
10	KFZ	701.	28.	18.	777.	258.	1432.	600.	94.	310.
11	S.FZ	101.	250.	-2.	-100.	-380.	-261.	44.	-22.	-24.
12	NG	-1.	4.	-8.	-1.	15.	-2.	-3.	-1.	-1.
13-18	KONGUFT	-4447.	-5638.	-2324.	-676.	242.	-706.	-1084.	-595.	-1203.
13	TEX,BEKL	-4403.	-4422.	-1435.	-95.	15.	-226.	-162.	-412.	-771.
14	LEDER	-87.	-369.	-152.	-2.	19.	3.	-14.	-157.	-142.
15	HOLZ	-229.	-120.	-692.	-139.	28.	-153.	-209.	19.	-110.
16	PAPDRUCK	37.	-16.	-132.	-563.	119.	-278.	-913.	-5.	-183.
17	GUMPLAST	199.	67.	127.	126.	103.	8.	167.	-27.	33.
18	S.VERARB	36.	-778.	-40.	-3.	-43.	-62.	47.	-12.	-30.
19	BAUTEN	4.	11.	-4.	-1.	2.	-4.	-0.	-0.	0.
20-24	DIENSTL	-32.	526.	1.	14.	-50.	157.	-52.	-12.	1.
20	HANDEL	-24.	364.	25.	24.	-47.	127.	-17.	-7.	8.
21	VERKNACH	-19.	135.	-18.	-6.	2.	24.	-24.	-6.	-6.
22	KREDVERS	1.	3.	-2.	1.	0.	3.	0.	-0.	0.
23	SMDIENST	10.	24.	-4.	-5.	-6.	4.	-12.	0.	-1.
24	NMDIENST	0.	0.	0.	0.	0.	0.	0.	0.	0.
1-24	INSGES.	-704.	-1653.	-129.	37.	-247.	237.	-114.	-23.	-98.
25	MAENNER	1524.	1346.	778.	282.	-34.	649.	131.	264.	447.
26	FRAUEN	-2228.	-2999.	-907.	-245.	-214.	-412.	-245.	-287.	-545.
27	LEISTGR1	173.	119.	129.	3.	-36.	-15.	23.	32.	49.
28	2	160.	-65.	107.	-9.	5.	-68.	19.	32.	41.
29	3	35.	-113.	56.	-15.	-1.	-54.	-1.	11.	10.
30	4	-13.	-66.	7.	10.	6.	3.	12.	3.	4.
31	5	638.	75.	338.	170.	-15.	328.	114.	116.	198.
32	6	-1202.	-1483.	-432.	-20.	-4.	26.	-100.	-142.	-247.
33	7	-377.	-742.	-204.	-78.	-223.	-131.	-49.	-55.	-124.

Tabelle A.22 Saldierte Beschäftigungseffekte einer gleichgroßen Ausweitung des Industriegüterhandels mit verschiedenen Ländergruppen nach Wirtschaftszweigen, Geschlecht und Leistungsgruppen 1977:
Frankreich
- in Erwerbstätigen je 100 Mill. US-$ Importe und Exporte zu Preisen von 1970 -

		Alle Entwicklungsländer	Europäische Entwicklungsländer			Außereuropäische Entwicklungsländer (ohne OPEC)				
			Gesamt	Spanien, Griechenland, Portugal	Jugoslawien, Türkei	Gesamt	Mittelmeerländer	Lateinamerika	Südostasiatische Schwellenländer	Obrige
1	LANDW	-345.	-149.	-136.	-194.	-391.	-179.	-99.	-552.	-471.
2	BERGB.EN	-4.	13.	10.	34.	-7.	9.	-21.	20.	-32.
3-18	VERARB	-899.	-888.	-808.	-1369.	-1133.	-1605.	-921.	-1441.	-825.
3-5	GRUNDST	-18.	320.	271.	733.	-108.	-96.	-343.	563.	-615.
3	ERZE.MET	-123.	96.	13.	518.	-208.	668.	-593.	133.	-730.
4	BAUST	-47.	-81.	-78.	17.	-56.	-492.	96.	80.	-70.
5	CHEM	152.	305.	335.	198.	157.	-272.	154.	351.	186.
6-11	INVGUET	2177.	315.	306.	-60.	2852.	3145.	2937.	1781.	3541.
6	METGUET	524.	-9.	-24.	85.	620.	829.	510.	175.	746.
7	MB	894.	660.	516.	1114.	906.	975.	764.	1243.	852.
8	BM.FFINM	41.	98.	114.	84.	31.	125.	147.	-25.	107.
9	ELT	327.	115.	136.	-142.	316.	532.	619.	-238.	576.
10	KFZ	120.	-407.	-383.	-235.	459.	503.	351.	102.	526.
11	S.FZ	272.	-142.	-54.	-965.	519.	182.	546.	524.	734.
12	NG	-4.	0.	1.	-2.	-5.	-8.	-3.	-5.	-3.
13-18	KONGUET	-3054.	-1524.	-1345.	-2040.	-3872.	-4647.	-3512.	-3781.	-3748.
13	TEX.BEKL	-2026.	-780.	-584.	-2110.	-2962.	-4450.	-3039.	-1719.	-3255.
14	LEDER	-346.	-270.	-246.	-47.	-416.	-279.	-814.	-453.	-228.
15	HOLZ	-688.	-322.	-311.	-329.	-739.	-8.	5.	-1252.	-950.
16	PAPDRUCK	-58.	-196.	-207.	59.	92.	-154.	-68.	-10.	256.
17	GUMPLAST	170.	109.	63.	415.	292.	259.	303.	177.	379.
18	S.VERARB	-104.	-65.	-60.	-28.	-139.	-14.	101.	-523.	50.
19	BAUTEN	7.	-3.	-1.	-20.	15.	5.	15.	17.	18.
20-24	DIENSTL	-36.	-22.	-28.	30.	-22.	59.	-50.	10.	-84.
20	HANDEL	-88.	-32.	-45.	51.	-117.	47.	-146.	-83.	-219.
21	VERKNACH	2.	-9.	-14.	49.	17.	15.	-11.	28.	2.
22	KREDVERS	-1.	-0.	-0.	-2.	-1.	-1.	0.	-1.	-0.
23	SMDIENST	50.	19.	32.	-69.	79.	-1.	107.	65.	133.
24	NMDIENST	0.	0.	0.	0.	0.	0.	0.	0.	0.
1-24	INSGES.	-1276.	-1049.	-963.	-1519.	-1538.	-1711.	-1075.	-1947.	-1395.
25	MAENNER	163.	-344.	-381.	-142.	439.	958.	756.	-163.	453.
26	FRAUEN	-1439.	-705.	-582.	-1377.	-1976.	-2669.	-1831.	-1784.	-1847.
27	LEISTGR1	41.	14.	19.	-16.	54.	-6.	85.	21.	105.
28	2	149.	39.	44.	-35.	203.	173.	214.	162.	257.
29	3	-7.	-9.	-1.	-65.	-20.	-128.	13.	-43.	45.
30	4	-3.	-21.	-20.	-30.	-4.	-13.	-9.	-7.	1.
31	5	83.	-118.	-128.	-105.	124.	68.	62.	62.	197.
32	6	-851.	-586.	-523.	-884.	-1088.	-1400.	-1020.	-1079.	-1037.
33	7	-311.	-207.	-199.	-233.	-403.	-299.	-265.	-556.	-393.

Noch: Tabelle A.22

		OPEC-Länder	VR China	RGW-Länder	Westliche Industrieländer (ohne EG)				EG-Länder	Alle Länder
					Gesamt	Japan	USA	Übrige		
1	LANDW	-1621.	-250.	-430.	-49.	122.	1.	-145.	13.	-66.
2	BERGB,EN	-16.	49.	11.	19.	23.	40.	0.	-4.	1.
3-18	VERARB	-582.	-2864.	-762.	-68.	194.	-233.	-71.	163.	-87.
3-5	GRUNDST	-85.	975.	234.	396.	582.	772.	54.	-121.	12.
3	ERZE.MET	-293.	1020.	426.	313.	-121.	697.	75.	-56.	39.
4	BAUST	173.	-117.	64.	45.	21.	64.	13.	-76.	-43.
5	CHEM	35.	71.	-255.	38.	682.	12.	-35.	10.	16.
6-11	INVGUET	4272.	3069.	1773.	-439.	-3130.	-1450.	956.	-8.	423.
6	METGUET	1057.	401.	389.	85.	-368.	-114.	274.	-47.	124.
7	MB	1239.	1399.	1048.	-215.	-249.	-491.	-52.	-194.	86.
8	BM.FEINM	124.	222.	74.	-309.	-478.	-470.	-27.	-15.	-94.
9	ELT	779.	354.	222.	-382.	-890.	-651.	26.	-127.	-71.
10	KFZ	754.	67.	-55.	374.	-396.	254.	571.	368.	285.
11	S.FZ	320.	626.	95.	9.	-747.	22.	163.	8.	91.
12	NG	-21.	-10.	-10.	-0.	11.	-0.	-2.	0.	-1.
13-18	KONGUET	-4748.	-6897.	-2759.	-25.	2731.	445.	-1079.	292.	-520.
13	TEX,BEKL	-1046.	-4611.	-1824.	191.	2117.	223.	-232.	403.	-151.
14	LEDER	-158.	-1294.	-151.	125.	331.	173.	72.	2.	-32.
15	HOLZ	-3931.	-165.	-870.	-123.	25.	-17.	-290.	1.	-136.
16	PAPDRUCK	97.	-42.	82.	-572.	18.	-264.	-1079.	-90.	-198.
17	GUMPLAST	233.	11.	139.	242.	-21.	260.	270.	-21.	8.
18	S.VERARB	57.	-796.	-135.	112.	262.	70.	180.	-4.	-12.
19	BAUTEN	11.	21.	2.	3.	-17.	4.	7.	2.	4.
20-24	DIENSTL	-136.	196.	42.	-35.	-55.	55.	-118.	-17.	-20.
20	HANDEL	-247.	75.	11.	30.	7.	98.	-36.	-0.	-4.
21	VERKNACH	32.	80.	43.	-32.	2.	21.	-98.	-18.	-16.
22	KREDVERS	-2.	-1.	-1.	-0.	-0.	-1.	-0.	0.	-0.
23	SMDIENST	81.	42.	-11.	-33.	-63.	-63.	16.	1.	-0.
24	NMDIENST	0.	0.	0.	0.	0.	0.	0.	0.	0.
1-24	INSGES.	-2344.	-2847.	-1137.	-131.	267.	-134.	-327.	157.	-168.
25	MAENNER	-1049.	822.	222.	-55.	-934.	-31.	-39.	-41.	45.
26	FRAUEN	-1295.	-3670.	-1359.	-76.	1200.	-103.	-287.	197.	-213.
27	LEISTGR1	65.	-1.	5.	-68.	-36.	-95.	-50.	-13.	-16.
28	2	294.	239.	107.	-35.	-211.	-87.	52.	-6.	21.
29	3	103.	-167.	-26.	-95.	6.	-127.	-87.	-9.	-30.
30	4	43.	-37.	7.	8.	-17.	0.	14.	5.	6.
31	5	333.	-71.	161.	-40.	-166.	-63.	-55.	-14.	21.
32	6	-648.	-2179.	-743.	197.	558.	179.	98.	190.	-32.
33	7	-761.	-648.	-273.	-24.	61.	-40.	-43.	11.	-57.

Tabelle A.23 Saldierte Beschäftigungseffekte einer gleichgroßen Ausweitung des Industriegüterhandels mit verschiedenen Ländergruppen nach Wirtschaftszweigen, Geschlecht und Leistungsgruppen 1977:
Italien
- in Erwerbstätigen je 100 Mill. US-$ Importe und Exporte zu Preisen von 1970 -

		Alle Entwick-lungs-länder	Europäische Entwicklungsländer			Außereuropäische Entwicklungsländer (ohne OPEC)				
			Gesamt	Spanien, Griechen-land, Portugal	Jugo-slawien, Türkei	Gesamt	Mittel-meer-länder	Latein-amerika	Südost-asiatische Schwellen-länder	Übrige
1	LANDW	-106.	-111.	-24.	-243.	-93.	-97.	-26.	-32.	-187.
2	BERGB.EN	12.	11.	2.	23.	19.	-2.	3.	43.	24.
3-18	VERARB	-951.	-600.	-3.	-1513.	-1411.	-1252.	-1084.	-1630.	-1698.
3-5	GRUNDST	164.	-5.	-104.	143.	234.	34.	-275.	1122.	178.
3	ERZE.MFT	-154.	-208.	-390.	67.	-230.	447.	-626.	96.	-344.
4	BAUST	289.	43.	151.	-123.	269.	220.	166.	575.	187.
5	CHEM	29.	161.	136.	199.	196.	-634.	185.	452.	335.
6-11	INVGUET	3304.	2572.	1730.	3843.	3599.	3358.	4461.	890.	4834.
6	METGUET	1001.	485.	415.	589.	859.	955.	763.	443.	1038.
7	MB	1597.	1743.	1631.	1914.	1754.	1473.	2262.	1108.	1836.
8	BM.FFINM	71.	169.	168.	170.	79.	70.	217.	-104.	137.
9	ELT	273.	304.	244.	394.	233.	460.	853.	-1135.	556.
10	KFZ	265.	-186.	-736.	647.	511.	401.	455.	322.	801.
11	S.FZ	97.	57.	8.	130.	162.	-1.	-90.	256.	467.
12	NG	-4.	1.	1.	1.	-2.	-12.	-2.	7.	-4.
13-18	KONGUET	-4415.	-3169.	-1630.	-5501.	-5242.	-4632.	-5267.	-3650.	-6706.
13	TEX.BEKL	-3202.	-1716.	-967.	-2852.	-3856.	-5572.	-4736.	-2860.	-3513.
14	LEDER	-737.	-219.	-421.	85.	-997.	113.	-1203.	194.	-1756.
15	HOLZ	-951.	-1319.	-172.	-3052.	-900.	161.	-91.	-672.	-2125.
16	PAPDRUCK	-35.	-165.	-200.	-112.	83.	83.	97.	69.	56.
17	GUMPLAST	263.	190.	76.	363.	423.	352.	347.	246.	558.
18	S.VERARB	248.	60.	55.	67.	6.	231.	320.	-626.	74.
19	BAUTEN	14.	12.	5.	22.	19.	3.	14.	21.	27.
20-24	DIENSTL	-8.	42.	6.	95.	2.	-121.	-64.	49.	58.
20	HANDEL	-86.	-35.	-51.	-17.	-112.	-114.	-190.	-39.	-105.
21	VERKNACH	69.	55.	27.	96.	87.	40.	75.	81.	116.
22	KREDVERS	-6.	-6.	2.	-17.	-7.	-6.	-4.	-6.	-12.
23	SMDIENST	15.	28.	28.	27.	34.	-41.	54.	13.	59.
24	NMDIENST	0.	0.	0.	0.	0.	0.	0.	0.	0.
1-24	INSGES.	-1040.	-647.	-13.	-1616.	-1465.	-1468.	-1159.	-1550.	-1776.
25	MAENNER	1364.	654.	645.	661.	1551.	2084.	2038.	957.	1395.
26	FRAUEN	-2404.	-1301.	-658.	-2276.	-3016.	-3553.	-3197.	-2507.	-3171.
27	LEISTGR1	93.	95.	75.	126.	108.	56.	144.	19.	155.
28	2	124.	128.	111.	152.	142.	59.	197.	10.	213.
29	3	69.	70.	97.	29.	60.	41.	136.	-64.	77.
30	4	-26.	-8.	6.	-29.	-37.	-51.	-36.	-40.	-34.
31	5	-400.	-207.	14.	-543.	-536.	-531.	-530.	-338.	-714.
32	6	-925.	-585.	-315.	-998.	-1197.	-1286.	-1357.	-898.	-1292.
33	7	113.	-93.	9.	-250.	47.	460.	361.	-320.	-102.

Noch: Tabelle A.23

		OPEC-Länder	VR China	RGW-Länder	Westliche Industrieländer (ohne EG)				EG-Länder	Alle Länder
					Gesamt	Japan	USA	Obrige		
1	LANDW	-190.	9.	-176.	-46.	91.	4.	-108.	26.	-25.
2	BERGB.EN	12.	40.	2.	-14.	-18.	-13.	-15.	-26.	-14.
3-18	VERARB	-1045.	-6013.	-122.	1277.	3160.	1101.	1155.	1868.	1033.
3- 5	GRUNDST	304.	1883.	-209.	-2.	-364.	170.	-86.	-432.	-188.
3	ERZE.MET	-25.	781.	160.	-219.	-705.	75.	-364.	-320.	-184.
4	BAUST	518.	-78.	-96.	374.	202.	388.	380.	280.	261.
5	CHEM	-189.	1179.	-273.	-157.	139.	-293.	-103.	-391.	-265.
6-11	INVGUET	3974.	2072.	2256.	-155.	-2781.	-1362.	1123.	-704.	385.
6	METGUET	1421.	299.	628.	99.	-158.	-29.	212.	100.	346.
7	MB	1489.	1363.	1437.	56.	138.	-323.	288.	-146.	389.
8	BM.FFINM	83.	101.	51.	-262.	-754.	-381.	-62.	-173.	-176.
9	ELT	597.	236.	81.	-375.	-1264.	-861.	120.	-193.	-133.
10	KFZ	509.	73.	98.	522.	133.	560.	531.	-315.	-45.
11	S.FZ	-125.	1.	-39.	-195.	-876.	-328.	35.	23.	3.
12	NG	-7.	14.	-5.	3.	9.	3.	3.	-2.	-2.
13-18	KONGUFT	-5316.	-9982.	-2164.	1430.	6296.	2290.	116.	3006.	838.
13	TEX.BEKL	-3931.	-8920.	-1061.	504.	5188.	117.	177.	1662.	258.
14	LEDER	-438.	-1048.	319.	1301.	1281.	1697.	1048.	941.	590.
15	HOLZ	-1978.	-50.	-1601.	-558.	96.	-53.	-1080.	344.	-120.
16	PAPDRUCK	47.	12.	-77.	-540.	-15.	-364.	-783.	69.	-108.
17	GUMPLAST	295.	1058.	379.	206.	-118.	149.	279.	-174.	-17.
18	S.VERARB	690.	-1034.	-122.	516.	-135.	744.	474.	165.	234.
19	BAUTEN	16.	37.	8.	-4.	-9.	-9.	1.	-11.	-4.
20-24	DIENSTL	-4.	-69.	75.	-17.	144.	-53.	-15.	4.	-4.
20	HANDEL	-69.	-244.	48.	43.	183.	50.	19.	63.	27.
21	VERKNACH	79.	130.	44.	-19.	-26.	-35.	-10.	-38.	-8.
22	KREDVERS	-11.	-20.	-6.	-1.	13.	-0.	-3.	8.	3.
23	SMDIENST	-3.	65.	-12.	-40.	-25.	-69.	-21.	-28.	-26.
24	NMDIENST	0.	0.	0.	0.	0.	0.	0.	0.	0.
1-24	INSGES.	-1211.	-5945.	-214.	1196.	3369.	1030.	1018.	1861.	986.
25	MAENNER	1475.	1055.	607.	282.	-537.	242.	384.	177.	485.
26	FRAUEN	-2686.	-7000.	-820.	914.	3907.	788.	634.	1685.	500.
27	LEISTGR1	98.	67.	70.	-13.	-42.	-63.	27.	-30.	3.
28	2	124.	12.	88.	-25.	-60.	-103.	39.	-19.	12.
29	3	71.	-133.	39.	6.	18.	-39.	38.	45.	41.
30	4	-32.	-111.	-4.	12.	63.	4.	12.	28.	12.
31	5	-479.	-1827.	-28.	408.	1282.	408.	281.	657.	342.
32	6	-1064.	-3443.	-270.	610.	1919.	575.	467.	914.	406.
33	7	236.	-577.	-68.	278.	-18.	319.	290.	274.	217.

Tabelle A.24

Saldierte Beschäftigungseffekte einer gleichgroßen Ausweitung des Industriegüterhandels mit verschiedenen Ländergruppen nach Wirtschaftszweigen, Geschlecht und Leistungsgruppen 1977:
Vereinigtes Königreich
- in Erwerbstätigen je 100 Mill. US-$ Importe und Exporte zu Preisen von 1970 -

		Alle Entwicklungsländer	Europäische Entwicklungsländer			Außereuropäische Entwicklungsländer (ohne OPEC)				
			Gesamt	Spanien, Griechenland, Portugal	Jugoslawien, Türkei	Gesamt	Mittelmeerländer	Lateinamerika	Südostasiatische Schwellenländer	Übrige
1	LANDW	-14.	-14.	-13.	-19.	-15.	-12.	-17.	-14.	-13.
2	BERGB.EN	25.	63.	66.	60.	31.	43.	-87.	112.	-51.
3-18	VERARB	-121.	-392.	-459.	-396.	-201.	135.	1280.	-949.	-77.
3-5	GRUNDST	213.	798.	829.	850.	328.	726.	-1111.	1341.	-911.
3	ERZE.MET	161.	545.	561.	603.	29.	628.	-988.	590.	-391.
4	BAUST	-147.	-47.	-59.	136.	60.	274.	180.	259.	-939.
5	CHEM	199.	300.	327.	111.	240.	-176.	-304.	492.	419.
6-11	INVGUET	4501.	3425.	2857.	5383.	4774.	3608.	5712.	4115.	5633.
6	METGUET	562.	78.	16.	497.	507.	390.	494.	528.	606.
7	MB	1866.	1156.	834.	2070.	2193.	1480.	2219.	2140.	2344.
8	BM.FEINM	-67.	-5.	29.	41.	-49.	54.	32.	-159.	105.
9	ELT	417.	395.	381.	388.	249.	437.	515.	-119.	739.
10	KFZ	1329.	1495.	1363.	1910.	1314.	1004.	1256.	1404.	1479.
11	S.FZ	394.	306.	235.	476.	560.	244.	1195.	321.	359.
12	NG	-7.	-4.	-3.	-6.	-7.	-10.	-19.	-1.	-4.
13-18	KONGUET	-4827.	-4612.	-4142.	-6623.	-5296.	-4189.	-3301.	-6405.	-4795.
13	TEX.BEKL	-3580.	-2924.	-2414.	-5730.	-4014.	-3246.	-2668.	-4671.	-3949.
14	LEDER	-488.	-417.	-435.	-195.	-508.	-169.	-545.	-417.	-611.
15	HOLZ	-679.	-981.	-1009.	-744.	-744.	-86.	-572.	-943.	-711.
16	PAPDRUCK	41.	-426.	-477.	-12.	141.	-385.	143.	148.	287.
17	GUMPLAST	130.	151.	167.	99.	128.	-310.	259.	65.	246.
18	S.VERARB	-251.	-16.	25.	-41.	-300.	7.	83.	-588.	-57.
19	BAUTEN	53.	32.	23.	59.	64.	43.	63.	68.	54.
20-24	DIENSTL	19.	31.	33.	31.	20.	41.	-206.	166.	-105.
20	HANDEL	2.	0.	-1.	8.	-20.	36.	-85.	14.	-30.
21	VERKNACH	-7.	1.	2.	17.	14.	14.	-41.	70.	-93.
22	KREDVERS	24.	30.	33.	6.	26.	-9.	-79.	81.	18.
23	SMDIENST	0.	0.	0.	0.	0.	0.	0.	0.	0.
24	NMDIENST	0.	0.	0.	0.	0.	0.	0.	0.	0.
1-24	INSGES.	-39.	-280.	-349.	-266.	-101.	250.	1034.	-618.	-192.
25	MAENNER	1753.	1254.	956.	2403.	1936.	1770.	2181.	1917.	1619.
26	FRAUEN	-1792.	-1534.	-1305.	-2669.	-2037.	-1520.	-1147.	-2535.	-1811.
27	LEISTGR1	0.	0.	0.	0.	0.	0.	0.	0.	0.
28	2	0.	0.	0.	0.	0.	0.	0.	0.	0.
29	3	0.	0.	0.	0.	0.	0.	0.	0.	0.
30	4	0.	0.	0.	0.	0.	0.	0.	0.	0.
31	5	0.	0.	0.	0.	0.	0.	0.	0.	0.
32	6	0.	0.	0.	0.	0.	0.	0.	0.	0.
33	7	0.	0.	0.	0.	0.	0.	0.	0.	0.

Noch: Tabelle A.24

		OPEC-Länder	VR China	RGW-Länder	Westliche Industrieländer (ohne EG)				EG-Länder	Alle Länder
					Gesamt	Japan	USA	Übrige		
1	LANDW	-1.	-21.	-9.	-1.	12.	1.	-4.	0.	-3.
2	BERGB,EN	-14.	41.	-18.	34.	76.	49.	-14.	19.	18.
3-18	VERARB	-55.	-542.	-939.	272.	-1320.	117.	593.	139.	197.
3- 5	GRUNDST	-581.	707.	-715.	372.	849.	1283.	-276.	283.	165.
3	ERZE,MET	15.	722.	451.	-118.	-92.	361.	-362.	-26.	4.
4	BAUST	-938.	21.	-2093.	312.	260.	916.	-129.	333.	48.
5	CHEM	341.	-36.	927.	179.	681.	7.	215.	-24.	113.
6-11	INVGUET	1536.	6804.	2664.	574.	-3657.	-1012.	2181.	-152.	1163.
6	METGUET	668.	256.	278.	117.	-244.	6.	230.	-5.	189.
7	MB	121.	1433.	1769.	508.	768.	27.	708.	-27.	625.
8	BM,FEINM	-168.	134.	176.	-309.	-21.	-1002.	71.	-234.	-263.
9	ELT	162.	767.	300.	-244.	-1975.	-689.	321.	-109.	-17.
10	KFZ	1251.	57.	-39.	644.	-1617.	997.	806.	127.	529.
11	S.FZ	-498.	4157.	179.	-143.	-566.	-351.	45.	95.	100.
12	NG	2.	-17.	16.	5.	19.	1.	5.	-1.	1.
13-18	KONGUET	-1012.	-8035.	-2904.	-679.	1469.	-155.	-1317.	8.	-1132.
13	TEX,BEKL	-644.	-6455.	-576.	228.	1361.	-40.	213.	189.	-383.
14	LEDER	-292.	-566.	-185.	77.	98.	60.	80.	-19.	-54.
15	HOLZ	-169.	-92.	-2308.	-418.	-52.	49.	-735.	-48.	-353.
16	PAPDRUCK	233.	-159.	1.	-752.	158.	-171.	-1235.	57.	-284.
17	GUMPLAST	208.	86.	253.	130.	-128.	-70.	250.	-219.	-32.
18	S.VERARB	-348.	-849.	-88.	57.	31.	15.	110.	48.	-27.
19	BAUTEN	-1.	45.	26.	20.	26.	15.	20.	5.	20.
20-24	DIENSTL	31.	-143.	-16.	30.	187.	170.	-82.	24.	19.
20	HANDEL	50.	-66.	56.	-17.	-27.	27.	-37.	-3.	3.
21	VERKNACH	-59.	-43.	-175.	31.	93.	122.	-42.	32.	5.
22	KREDVERS	40.	-34.	104.	17.	121.	22.	-3.	-5.	11.
23	SMDIENST	0.	0.	0.	0.	0.	0.	0.	0.	0.
24	NMDIENST	0.	0.	0.	0.	0.	0.	0.	0.	0.
1-24	INSGES.	-39.	-620.	-955.	355.	-1020.	403.	514.	187.	250.
25	MAENNER	366.	2956.	-568.	339.	-1290.	668.	371.	147.	512.
26	FRAUEN	-404.	-3576.	-388.	16.	270.	-257.	143.	40.	-262.
27	LEISTGR1	0.	0.	0.	0.	0.	0.	0.	0.	0.
28	2	0.	0.	0.	0.	0.	0.	0.	0.	0.
29	3	0.	0.	0.	0.	0.	0.	0.	0.	0.
30	4	0.	0.	0.	0.	0.	0.	0.	0.	0.
31	5	0.	0.	0.	0.	0.	0.	0.	0.	0.
32	6	0.	0.	0.	0.	0.	0.	0.	0.	0.
33	7	0.	0.	0.	0.	0.	0.	0.	0.	0.

Tabelle A.25   Saldierte Beschäftigungseffekte einer gleichgroßen Ausweitung des Industriegüterhandels mit verschiedenen Ländergruppen nach Wirtschaftszweigen, Geschlecht und Leistungsgruppen 1977:
Niederlande
- in Erwerbstätigen je 100 Mill. US-$ Importe und Exporte zu Preisen von 1970 -

		Alle Entwicklungsländer	Europäische Entwicklungsländer			Außereuropäische Entwicklungsländer (ohne OPEC)				Übrige
			Gesamt	Spanien, Griechenland, Portugal	Jugoslawien, Türkei	Gesamt	Mittelmeerländer	Lateinamerika	Südostasiatische Schwellenländer	
1	LANDW	-20.	-15.	-14.	-19.	-20.	-6.	-20.	-24.	-21.
2	BERGB.EN	10.	13.	11.	23.	15.	-1.	3.	23.	11.
3-18	VERARB	-1005.	-945.	-871.	-1455.	-1176.	-507.	-541.	-1632.	-1141.
3-5	GRUNDST	156.	418.	370.	662.	194.	-1178.	89.	847.	-374.
3	ERZE.MET	70.	146.	186.	98.	36.	66.	-55.	42.	-114.
4	BAUST	-235.	-73.	-89.	-18.	-294.	-1431.	30.	225.	-725.
5	CHEM	321.	345.	273.	582.	456.	187.	115.	580.	465.
6-11	INVGUET	2117.	1299.	1098.	1906.	2043.	2198.	2078.	1681.	2796.
6	METGUET	132.	-41.	-138.	216.	132.	189.	256.	60.	130.
7	MB	703.	343.	286.	620.	650.	591.	654.	829.	618.
8	BM.FFINM	224.	363.	435.	234.	60.	142.	111.	76.	139.
9	ELT	366.	382.	400.	406.	275.	413.	329.	390.	519.
10	KFZ	84.	-24.	-13.	-40.	127.	97.	31.	68.	250.
11	S.FZ	607.	242.	129.	470.	798.	765.	696.	258.	1140.
12	NG	-4.	-5.	-5.	-4.	-3.	-1.	-8.	-2.	-2.
13-18	KONGUET	-3274.	-2698.	-2334.	-4019.	-3410.	-1526.	-2700.	-4158.	-3561.
13	TEX.BEKL	-2187.	-2017.	-1581.	-3542.	-2086.	-1742.	-1641.	-2421.	-2361.
14	LEDER	-280.	-406.	-436.	-313.	-249.	-28.	-593.	-196.	-155.
15	HOLZ	-420.	-464.	-409.	-641.	-1121.	-125.	-597.	-1502.	-1257.
16	PAPDRUCK	26.	-90.	-120.	25.	82.	81.	45.	36.	120.
17	GUMPLAST	242.	315.	248.	474.	171.	275.	78.	277.	192.
18	S.VERARB	-155.	-34.	-37.	-22.	-207.	14.	8.	-353.	-101.
19	BAUTEN	30.	17.	9.	39.	35.	10.	30.	41.	36.
20-24	DIENSTL	-188.	-140.	-134.	-168.	-184.	-254.	-148.	-148.	-267.
20	HANDEL	-142.	-102.	-92.	-136.	-149.	-204.	-102.	-121.	-219.
21	VERKNACH	-19.	-15.	-15.	-14.	-17.	-26.	-15.	-13.	-26.
22	KREDVERS	1.	1.	1.	2.	1.	1.	-0.	0.	0.
23	SMDIENST	-26.	-25.	-27.	-23.	-16.	-16.	-33.	-15.	-17.
24	NMDIENST	-1.	1.	-0.	3.	-3.	-8.	2.	1.	-5.
1-24	INSGES.	-1172.	-1110.	-999.	-1580.	-1330.	-760.	-676.	-1739.	-1383.
25	MAENNER	-214.	-247.	-299.	-162.	-373.	-61.	118.	-662.	-361.
26	FRAUEN	-959.	-863.	-700.	-1419.	-957.	-699.	-794.	-1077.	-1022.
27	LEISTGP1	40.	45.	44.	57.	26.	45.	38.	35.	51.
28	2	49.	47.	48.	50.	33.	60.	49.	28.	56.
29	3	65.	50.	47.	61.	39.	118.	77.	-2.	75.
30	4	-17.	-23.	-21.	-38.	-18.	-9.	-9.	-33.	-15.
31	5	-65.	-155.	-152.	-132.	-101.	183.	83.	-341.	-27.
32	6	-838.	-754.	-622.	-1210.	-895.	-717.	-603.	-1022.	-988.
33	7	-238.	-196.	-146.	-244.	-260.	-188.	-177.	-298.	-294.

Noch: Tabelle A.25

		OPEC-Länder	VR China	RGW-Länder	Westliche Industrieländer (ohne EG)				EG-Länder	Alle Länder
					Gesamt	Japan	USA	Obrige		
1	LANDW	-27.	-6.	-14.	-4.	10.	-1.	-12.	-0.	-3.
2	BERGB.EN	2.	34.	13.	10.	34.	14.	6.	8.	8.
3-18	VERARB	-939.	-2001.	-976.	-852.	-1145.	-1256.	-658.	-301.	-477.
3-5	GRUNDST	51.	969.	-66.	415.	1091.	979.	85.	110.	147.
3	ERZE.MET	-91.	80.	-49.	108.	-147.	650.	-179.	-23.	-8.
4	BAUST	12.	-44.	-454.	72.	504.	179.	-10.	-61.	-65.
5	CHEM	130.	933.	437.	235.	734.	150.	274.	194.	220.
6-11	INVGUET	2693.	415.	455.	-493.	-2632.	-1553.	779.	-479.	-194.
6	METGUET	303.	-43.	10.	98.	-42.	-23.	156.	-59.	-17.
7	MB	885.	148.	794.	-140.	241.	-280.	-80.	-226.	-84.
8	BM.FFINM	222.	31.	-12.	-353.	-836.	-1103.	327.	86.	-5.
9	ELT	694.	68.	73.	178.	-211.	36.	320.	56.	118.
10	KFZ	129.	5.	-146.	-236.	-1484.	-72.	-2.	-335.	-290.
11	S.FZ	461.	207.	-263.	-39.	-300.	-111.	58.	0.	83.
12	NG	-4.	1.	1.	1.	6.	1.	-1.	1.	0.
13-18	KONGUET	-3679.	-3347.	-1366.	-774.	389.	-682.	-1521.	67.	-430.
13	TEX.BEKL	-2622.	-2915.	-30.	197.	513.	76.	163.	-77.	-203.
14	LEDER	-20.	-230.	-51.	-8.	-11.	-7.	-14.	-43.	-55.
15	HOLZ	-1429.	-188.	-1400.	-449.	-40.	-123.	-904.	-170.	-301.
16	PAPDRUCK	77.	30.	-85.	-545.	36.	-224.	-1085.	127.	-26.
17	GUMPLAST	353.	1291.	443.	172.	160.	-221.	373.	286.	246.
18	S.VERARB	-44.	-1374.	-242.	-141.	-270.	-183.	-53.	-56.	-90.
19	BAUTEN	36.	37.	16.	9.	46.	4.	5.	4.	9.
20-24	DIENSTL	-224.	-32.	-117.	-57.	192.	14.	-179.	15.	-21.
20	HANDEL	-169.	-49.	-105.	-21.	95.	29.	-83.	-10.	-27.
21	VERKNACH	-22.	5.	-14.	-13.	28.	-1.	-36.	5.	-1.
22	KREDVERS	-1.	3.	-1.	0.	1.	2.	-1.	1.	0.
23	SMDIENST	-34.	17.	8.	-21.	62.	-12.	-56.	22.	9.
24	NMDIENST	1.	-6.	-5.	-2.	5.	-1.	-4.	-1.	-1.
1-24	INSGES.	-1152.	-1963.	-1078.	-893.	-863.	-1221.	-837.	-274.	-483.
25	MAENNER	-128.	-643.	-936.	-808.	-972.	-1002.	-751.	-269.	-374.
26	FRAUEN	-1024.	-1320.	-142.	-85.	108.	-219.	-87.	-5.	-109.
27	LEISTGR1	73.	-12.	-3.	-11.	-23.	-48.	13.	7.	7.
28	2	64.	-4.	9.	-56.	-76.	-118.	-15.	6.	-2.
29	3	90.	-101.	-7.	-148.	-162.	-225.	-110.	-6.	-28.
30	4	-18.	-37.	-14.	-15.	-42.	-36.	5.	-9.	-11.
31	5	-60.	-447.	-315.	-338.	-343.	-420.	-339.	-126.	-153.
32	6	-848.	-1107.	-467.	-181.	-448.	-283.	-85.	-162.	-234.
33	7	-230.	-242.	-180.	-103.	-51.	-125.	-127.	-12.	-56.

Tabelle A.26 Saldierte Beschäftigungseffekte einer gleichgroßen Ausweitung des Industriegüterhandels mit verschiedenen Ländergruppen nach Wirtschaftszweigen, Geschlecht und Leistungsgruppen 1977:
Belgien
- in Erwerbstätigen je 100 Mill. US-$ Importe und Exporte zu Preisen von 1970 -

		Alle Entwicklungs-länder	Europäische Entwicklungsländer			Außereuropäische Entwicklungsländer (ohne OPEC)				
			Gesamt	Spanien, Griechen-land, Portugal	Jugo-slawien, Türkei	Gesamt	Mittel-meer-länder	Latein-amerika	Südost-asiatische Schwellen-länder	Obrige
1	LANDW	-16.	-21.	-14.	-49.	-16.	-3.	-9.	-51.	-10.
2	BERGB.EN	-22.	30.	31.	34.	-27.	4.	-34.	42.	-58.
3-18	VERARB	-319.	-1372.	-1232.	-2027.	26.	-1061.	-478.	-1104.	767.
3-5	GRUNDST	-332.	748.	820.	783.	-10.	-319.	-68.	1886.	-554.
3	ERZE,MET	-406.	322.	346.	339.	-725.	300.	-804.	-61.	-1236.
4	BAUST	-119.	250.	340.	98.	446.	-624.	515.	1513.	381.
5	CHEM	192.	175.	134.	346.	270.	5.	221.	435.	302.
6-11	INVGUET	1343.	522.	281.	1016.	1191.	883.	1884.	183.	1540.
6	METGUET	305.	36.	-46.	274.	248.	258.	285.	-32.	369.
7	MB	618.	503.	359.	788.	542.	356.	949.	310.	590.
8	BM,FEINM	104.	148.	132.	171.	106.	138.	179.	-49.	117.
9	ELT	239.	-22.	-66.	64.	172.	82.	337.	-66.	258.
10	KFZ	78.	-97.	-59.	-214.	84.	97.	109.	-8.	109.
11	S.FZ	0.	-45.	-39.	-67.	38.	-48.	24.	28.	98.
12	NG	0.	-2.	-2.	-2.	1.	-1.	1.	-3.	3.
13-18	KONGUET	-1329.	-2640.	-2332.	-3824.	-1157.	-1624.	-2295.	-3171.	-222.
13	TEX.BEKL	-1054.	-2066.	-1696.	-3499.	-932.	-1687.	-2244.	-1838.	-273.
14	LEDER	-98.	-227.	-277.	-19.	-74.	-53.	-172.	-234.	3.
15	HOLZ	-236.	-256.	-149.	-679.	-259.	10.	-78.	-752.	-204.
16	PAPDRUCK	13.	-124.	-164.	46.	70.	24.	-14.	29.	128.
17	GUMPLAST	93.	97.	33.	316.	82.	55.	163.	-7.	100.
18	S.VERARB	-48.	-64.	-79.	10.	-44.	27.	50.	-369.	24.
19	BAUTEN	-5.	0.	1.	-2.	-5.	-3.	-7.	1.	-7.
20-24	DIENSTL	-8.	31.	45.	-24.	33.	-29.	60.	71.	30.
20	HANDEL	-22.	-36.	-26.	-77.	-13.	-29.	-24.	-25.	-4.
21	VERKNACH	-37.	28.	41.	-7.	-18.	-18.	-0.	51.	-45.
22	KREDVERS	-0.	-1.	-1.	-2.	1.	-2.	1.	-1.	2.
23	SMDIENST	51.	40.	31.	63.	63.	19.	83.	46.	77.
24	NMDIENST	0.	0.	0.	0.	0.	0.	0.	0.	0.
1-24	INSGES.	-369.	-1332.	-1169.	-2067.	10.	-1092.	-468.	-1040.	721.
25	MAENNER	136.	21.	26.	-55.	376.	-109.	610.	244.	527.
26	FRAUEN	-505.	-1353.	-1194.	-2012.	-366.	-984.	-1078.	-1284.	194.
27	LEISTGR1	38.	-1.	-9.	10.	50.	1.	62.	-4.	78.
28	2	72.	11.	-3.	42.	83.	13.	107.	11.	121.
29	3	59.	2.	-12.	36.	76.	0.	91.	35.	111.
30	4	16.	6.	3.	14.	20.	1.	21.	20.	25.
31	5	-28.	-302.	-282.	-425.	39.	-157.	15.	-403.	246.
32	6	-320.	-666.	-555.	-1097.	-202.	-535.	-523.	-539.	37.
33	7	-157.	-423.	-375.	-610.	-41.	-385.	-253.	-225.	147.

Noch: Tabelle A.26

		OPEC-Länder	VR China	RGW-Länder	Westliche Industrieländer (ohne EG)				EG-Länder	Alle Länder
					Gesamt	Japan	USA	Übrige		
1	LANDW	-16.	-12.	-44.	-11.	5.	-8.	-18.	-1.	-5.
2	BERGB.EN	8.	89.	19.	22.	62.	53.	-8.	17.	15.
3-18	VERARB	-1404.	-3780.	-1046.	-247.	966.	-241.	-531.	-207.	-229.
3-5	GRUNDST	-552.	1631.	-469.	763.	2663.	1643.	-112.	183.	246.
3	ERZE.MET	461.	827.	577.	207.	-301.	621.	-65.	303.	238.
4	BAUST	-1164.	-114.	-1324.	572.	2360.	1328.	-160.	-101.	1.
5	CHEM	151.	919.	277.	-17.	604.	-302.	114.	-18.	6.
6-11	INVGUET	1374.	40.	374.	-519.	-1834.	-1140.	250.	-490.	-319.
6	METGUET	455.	-26.	107.	-92.	-52.	-152.	-65.	-102.	-53.
7	MB	769.	85.	246.	-123.	-33.	-320.	-26.	-193.	-88.
8	BM.FEINM	93.	-22.	158.	-91.	58.	-233.	29.	-31.	-27.
9	ELT	340.	4.	16.	-186.	-637.	-348.	50.	-109.	-86.
10	KFZ	164.	3.	-154.	41.	-974.	21.	264.	-41.	-45.
11	S.FZ	-447.	-3.	2.	-69.	-196.	-101.	-3.	-14.	-19.
12	NG	-0.	5.	-2.	-2.	7.	-2.	-1.	-1.	-1.
13-18	KONGUET	-2225.	-5456.	-949.	-488.	131.	-745.	-669.	100.	-155.
13	TEX.BEKL	-2177.	-4593.	-134.	95.	270.	-166.	124.	227.	83.
14	LEDER	29.	-264.	-114.	8.	19.	16.	3.	-71.	-64.
15	HOLZ	-201.	-144.	-683.	-126.	-37.	-54.	-218.	-10.	-59.
16	PAPDRUCK	41.	58.	-59.	-424.	25.	-241.	-744.	-17.	-84.
17	GUMPLAST	112.	406.	119.	6.	-57.	-202.	155.	7.	11.
18	S.VERARB	-28.	-920.	-78.	-48.	-89.	-96.	12.	-37.	-42.
19	BAUTEN	-6.	3.	0.	0.	13.	5.	-6.	3.	2.
20-24	DIENSTL	-81.	78.	-133.	14.	275.	61.	-62.	-7.	-3.
20	HANDEL	-43.	-74.	-59.	12.	33.	34.	-11.	-0.	-1.
21	VERKNACH	-57.	92.	-95.	29.	171.	93.	-41.	10.	9.
22	KREDVERS	-3.	1.	-3.	-3.	-1.	5.	-2.	-1.	-0.
23	SMDIENST	22.	59.	24.	-26.	67.	-64.	-9.	-16.	-10.
24	NMDIENST	0.	0.	0.	0.	0.	0.	0.	0.	0.
1-24	INSGES.	-1498.	-3622.	-1203.	-221.	1322.	-132.	-625.	-195.	-220.
25	MAENNER	-309.	-579.	-937.	-82.	1087.	278.	-552.	-193.	-143.
26	FRAUEN	-1190.	-3043.	-266.	-139.	235.	-410.	-73.	-2.	-76.
27	LEISTGR1	16.	-55.	-8.	-35.	50.	-61.	-29.	-22.	-18.
28	2	47.	-27.	10.	-50.	36.	-103.	-26.	-31.	-23.
29	3	19.	-14.	-15.	-49.	51.	-68.	-55.	-28.	-22.
30	4	5.	2.	3.	-3.	16.	-7.	-3.	-6.	-3.
31	5	-313.	-1231.	-281.	-136.	37.	-135.	-184.	-87.	-91.
32	6	-702.	-1563.	-442.	52.	322.	117.	-72.	-7.	-33.
33	7	-479.	-896.	-313.	-26.	456.	15.	-163.	-26.	-39.

Literaturverzeichnis

Ashoff, G./D. Weiss: Binnenwirtschaftliche Wirkungen der deutschen Entwicklungspolitik, Deutsches Institut für Entwicklungspolitik, Berlin 1978.

Balassa, B.: The Changing International Division of Labor in Manufactured Goods, in: Banca Nazionale del Lavoro Quarterly Review, No. 130, September 1979, S. 243-285.

Baldwin, R. E.: Trade and Employment Effects in the United States of Multilateral Tariff Reductions, in: American Economic Review, Bd. 66, Nr. 2 (Mai 1976), S. 142-148.

Baldwin, R. E./W. E. Lewis: U. S. Tariff Effects on Trade and Employment in Detailed SIC Industries, in: W. G. Dewald (Hrsg.): The Impact of International Trade and Investment on Employment, Washington (U. S. Government Printing Office) 1978, S. 421-259.

Baldwin, R. E./J. H. Mutti/J. D. Richardson: Welfare Effects on the United States of a Significant Multilateral Tariff Reduction, in: Journal of International Economics, Bd. 10 (1980), S. 405-423.

Baudry, J.-F.: Commerce Extérieur et emploi. Impact sur l'emploi du commerce extérieur des pays développés avec les pays en voie de développment. Le cas de la Franc pour 1972 et 1978. Le cas de la République Fédérale d'Allemagne pour 1972 et 1977 (2 Bände), Dissertation, Université de Lille I, November 1980.

Bergmann, Ch./H. E. Grundmann: Arbeitsplatzsicherung durch Entwicklungshilfe-Kredite und Exporte in Entwicklungsländer, Gutachten im Auftrage des Bundesministeriums für wirtschaftliche Zusammenarbeit, Prognos AG, Basel 1978.

Bureau of Labor Statistics: The Relationship between Imports and Employment: An Analysis of 27 Import-Competing Industries (1954-59) and Two Industry Case Studies, Washington 1962.

Bureau of Labor Statistics: Foreign Trade and Employment, in: Commission on International Trade and Investment Policy, United States International Economic Policy in an Interdependent World, Compendium of Papers, Bd. I, Washington 1971.

Cable, V.: British Protectionism and LDC Imports, in: ODI Review, Nr. 2/1977, S. 29-48.

Cable, V.: Source of Employment Displacement in U. K. Industries Competing with LDC Imports, als Manuskript vervielfältigt, Overseas Development Institute, London 1978.

Centre Interuniversitaire de Recherches en Sciences Humaines: Effet sur l'emploi dans la Communauté Economique Européenne de l'évolution de la division internationale du travail entre la C.E.E. et les pays en voie de développement, Etude no. 77/37, Lille 1978.

Cline, W. R./N. Kawanabe/T. O. M. Kronsjö/T. Williams: Trade Negotiations in the Tokyo Round: A Quantitative Assessment, Washington (The Brookings Institution) 1978.

Commissariat Général du Plan: Rapport du groupe chargé d'étudier l'evolution des économies du Tiers-Monde et l'appareil productif français, als Manuskript vervielfältigt, Paris, Januar 1978.

Deardorff, A. V./R. M. Stern/C. F. Baum: A Multi-Country Simulation of the Employment and Exchange-Rate Effects of Post-Kennedy Round Tariff Reductions, in: N. Akrasanee/S. Naya/V. Vichit-Vadakan (Hrsg.): Trade and Employment in Asia and the Pacific, Honolulu (The University of Hawaii Press) 1977.

DeGrauwe, P./W. Kennes/T. Peeters/R. Van Straelen: Trade Expansion with the Less Developed Countries and Employment: A Case Study of Belgium, in: Weltwirtschaftliches Archiv, Bd. 115 (1979), Heft 1, S. 99-115.

Dewald, W. G. (Hrsg.): The Impact of International Trade and Investment on Employment, Washington (U. S. Government Printing Office) 1978.

Dicke, H./H. H. Glisman/E.-J. Horn/A. D. Neu: Beschäftigungswirkungen einer verstärkten Arbeitsteilung zwischen der Bundesrepublik und den Entwicklungsländern, Tübingen (J. C. B. Mohr/Paul Siebeck) 1976.

Fels, G./E.-J. Horn: Der Wandel der Industriestruktur im Zuge der weltwirtschaftlichen Integration der Entwicklungsländer, in: Die Weltwirtschaft, Nr. 1, 1972, S. 123-126.

Filip-Köhn, R./R. Krengel/D. Schumacher: Macro-Economic Effects of Disarmament Policies on Sectoral Production and Employment in the Federal Republic of Germany, with Special Emphasis on Development Policy Issues, Gutachten im Auftrage des Auswärtigen Amtes, Deutsches Institut für Wirtschaftsforschung, Berlin 1980.

Finley, M. H.: Foreign Trade and U. S. Employment, in: W. G. Dewald (Hrsg.): The Impact of International Trade and Investment on Employment, Washington (U. S. Printing Office) 1978, S. 129-134.

Frank Jr., Ch. R.: Foreign Trade and Domestic Aid, Washington (The Brookings Institution) 1977.

Grinols, E./E. Thorbecke: The Effects of Trade between the U. S. and Developing Countries on U. S. Employment. Paper presented to the International Economic Association Conference on Unemployment in Western Countries Today, Straßburg, 28. August - 2. September 1978.

Haas, J.: L'industrialisation des PVD: caractéristiques, évolution des échanges, hypthèses sur les conséquences en France, SETEF, Paris 1978.

Hamilton, C.: Effects of Non-Tariff Barriers to Trade on Prices, Employment, and Imports: The Case of the Swedish Textil and Clothing Industry, als Manuskript vervielfältigt, Institute for International Economic Studies, Stockholm, September 1980.

Herman, B./S. Zottos: Adjustment Assistance. The Problem and its Magnitude, in: ILO, Tripartite World Conference on Employment, Income Distribution and Social Progress and the International Division of Labour, Background Papers, Volume II: International Strategies for Employment, Genf 1976, S. 51–67.

Hiemenz, U./K.-W. Schatz: Trade in Place of Migration. An Employment-oriented Study with Special Reference to the Federal Republic of Germany, Spain and Turkey, International Labour Office, Genf 1979.

Hsieh, C.: Measuring the Effects of Trade Expansion on Employment: A Review of Some Research, in: International Labour Review, Bd. 107, Nr. 1 (Januar 1973), S. 1–29.

IBRD: Prospects for Developing Countries 1978–85, Washington, November 1977, S. 131–136.

ILO: Some Labour Implications of Increased Participation of Developing Countries in Trade in Manufactures and Semi-Manufactures, in: United Nations, Proceedings of the United Nations Conference on Trade and Development, Second Session, Vol. III, Problems and Policies of Trade in Manufactures and Semi-Manufactures, New York 1968, S. 149–167.

ILO: Quantitative Effects of Removal or Reduction of Trade Barriers against Imports of Manufactures from Developing Countries on Labour Displacement in European and North American Industrialized Countries, in: United Nations, Investment in Human Resources and Manpower Planning, Papers presented to the Eighth Session of Senior Economic Advisers to ECE Governments, New York 1971, S. 66–74.

INSEE (Institut National de la Statistique et des Etudes Economiques): Développement des échanges avec le Tiers Monde et problèmes régionaux d'emplois, als Manuskript vervielfältigt, Paris 1977.

Kierzkowski, H.: Displacement of Labour by Imports of Manufactures, in: World Development, Bd. 8, Nr. 10 (Oktober 1980), S. 753–762.

Kol, J./L. B. M. Mennes: Penetratie door ontwikkelingslanden op de Nederlandse markt voor industrieprodukten. Gevolgen voor inkomen en werkgelegenheid, Netherlands Economic Institute, Deelrapport 6, Rotterdam 1978.

Kreinin, M. E./L. H. Officer: Tariff Reductions under the Tokyo Round: A Review of Their Effects on Trade Flows, Employment, and Welfare, in: Weltwirtschaftliches Archiv, Bd. 115 (1979), Heft 3, S. 543–572.

Krueger, A. O.: Impact of LDC Exports on Employment in American Industry, in: J. Black/B. Hindley (Hrsg.): Current Issues in Commercial Policy and Diplomacy, London (Macmillan), 1980.

Krueger, A. O.: LDC Manufacturing Production and Implications for OECD Comparative Advantage, in: J. Leveson/J. W. Wheeler (Hrsg.): Western Economies in Transition: Structural Change and Adjustment Policies in Industrial Countries, Boulder (Westview Press) 1980.

Little, I./T. Scitovsky/M. Scott: Industry and Trade in Some Developing Countries. A Comparative Study, London (Oxford University Press) 1970, S. 285–289, und Appendix zu Kapitel 8, S. 459–466.

Louda, D. E.: Außenhandel und Beschäftigung. Eine kritische Auswertung theoretischer und empirischer Forschungsergebnisse, Institut für Arbeitsmarkt- und Berufsforschung der Bundesanstalt für Arbeit, Beiträge zur Arbeitsmarkt und Berufsforschung 14, Nürnberg 1976.

Lydall, H. F.: Trade and Employment. A Study of the Effects of Trade Expansion on Employment in Developing and Developed Countries, International Labour Office, Genf 1975.

Martin, J. P./J. M. Evans: Notes on Measuring the Employment Displacement Effects of Trade by the Accounting Procedure, in: Oxford Economic Papers, Bd. 33, Nr. 1 (März 1981), S. 154–164.

McAleese/P. Carey: Employment Coefficients for Irish Trade with Extra-EEC Countries: Measurement and Implications, als Manuskript vervielfältigt, Department of Economics, Trinity College, Dublin 1980.

Mennes, L. B. M.: Adjustment of the Industrial Structure of Developed Economies in Particular the Netherlands, Paper submitted to the International Symposium on Maritime Research and European Shipping and Shipbuilding, Rotterdam, 39.–31. März 1978.

Mitchell, D. J. B.: The Occupational Structure of U. S. Exports and Imports, in: Quarterly Review of Economics and Business, Bd. 10 (1970), S. 17–30.

Mitchell, D. J. B.: Recent Changes in the Labor Content of U. S. International Trade, in: Industrial and Labor Relations Review, Bd. 28, Nr. 3 (April 1975), S. 355–375.

Mitchell, D. J. B.: Labour Issues of American International Trade and Investment, Baltimore/London (The Johns Hopkins University Press) 1976.

Mukherjee, S. (with Ch. Feller): Restructuring of Industrial Economies and Trade with Developing Countries, Basic working document submitted to the ILO Tripartite Symposium on Adjustment Assistance and Employment Restructuring in Industrialised Countries due to Increased Trade between Developed and Developing Countries, Genf, 3.–5. Mai 1978.

O'Cleireacain, S.: International Trade and Employment in U. K. Manufacturing: Prospects for the MTN, als Manuskript vervielfältigt, Trade Policy Research Centre, London 1977.

OECD: The Impact of the Newly Industrialising Countries on Production and Trade in Manufactures, Report by the Secretary-General, Paris 1979.

Overseas Development Institute (ODI): Adjustment to North-South Trade in the UK Economy, International Labour Office, Working Document No. 3 of the Tripartite Symposium on Employment, International Trade and North-South Co-operation, Genf, 19.–22. Mai 1980.

Renshaw, G.: Employment, Trade and North-South Co-operation. An Overview, International Labour Office, World Employment Programme Research Working Paper, Genf, Juni 1979.

Salant, W. S.: The Effects of Increases in Imports on Domestic Employment: A Clarification of Concepts, National Commission Manpower Policy, Special Report No. 18, Washington 1978.

Salant, W. S./B. N. Vaccara: Import Liberalization and Employment. The Effects of Unilateral Reductions in United States Import Barriers, Washington (The Brookings Institution) 1961.

Schatz, K.-W./F. Wolter: West Germany's Adjustment for Trade with Developing Countries: Problems and Policies, International Labour Office, Working Document No. 4 of the Tripartite Symposium on Employment, International Trade and North-South Co-operation, Genf, 19.–22. Mai 1980.

Schumacher, D.: Verstärkter Handel mit der Dritten Welt: Eher Umsetzung als Freisetzung deutscher Arbeitskräfte, in: Wochenbericht des DIW, Nr. 5/1977, S. 35–40.

Schumacher, D.: Beschäftigungswirkungen von Importen aus Entwicklungsländern nicht dramatisieren, in: Wochenbericht des DIW, Nr. 1/1978, S. 6–11.

Schumacher, D.: 800 000 Erwerbstätige für den Export in Entwicklungsländer beschäftigt, in: Wochenbericht des DIW, Nr. 5/1978, S. 58–61.

Schwenger, R. B.: A Conceptual Framework for Measurement of the Impact of Foreign Trade on Workers, Report submitted to the Manpower Administration, U. S. Department of Labor, April 1971.

Secchi, C.: Some (Approximate and Preliminary) Calculations on the Employment Effects in Italy of Increased Competitive Imports from LDC's, als Manuskript vervielfältigt, Universität von Trento, 28. Februar 1978.

Shelton, W. C. (Bureau of Labor Statistics): The Relationship between Changes in Imports and Employment in Manufacturing in the United States, 1960–65, Paper presented at the annual meeting of the American Statistical Association, Detroit 1970.

UN, Towards a New Trade Policy for Development, Report by the Secretary-General of the United Nations Conference on Trade and Development, New York (United Nations Publication, Sales No. 64.II.B.4) 1964, S. 62–64.

UNCTAD, Adjustment Assistance Measures, Report by the UNCTAD Secretariat, Dokument TD/121/supp. 1 vom 14. Januar 1972.

UNIDO: The Impact of Trade with Developing Countries on Employment in Developed Countries – Empirical Evidence from Recent Research, UNIDO Working Papers on Structural Changes, No. 3, UNIDO/ICIS. 85, Oktober 1978.

Werner, H.: Probleme der internationalen Arbeitsteilung, Institut für Arbeitsmarkt- und Berufsforschung der Bundesanstalt für Arbeit, Materialien aus der Arbeitsmarkt- und Berufsforschung, 7/1979.

Wolter, F.: Adjusting to Imports from Developing Countries – The Evidence from a Human Capital Rich-Resource Poor Country, in: H. Giersch (Hrsg.): Reshaping the World Economic Order. Symposium 1976, Tübingen (J. C. B. Mohr/Paul Siebeck) 1977, S. 97–130.

Printed by Libri Plureos GmbH
in Hamburg, Germany